数字经济建设与发展研究

李晶晶　著

吉林人民出版社

图书在版编目(CIP)数据

数字经济建设与发展研究/李晶晶著.--长春：
吉林人民出版社,2024.5.--ISBN 978-7-206-21066-2

Ⅰ.F492

中国国家版本馆 CIP 数据核字第 2024TL8714 号

数字经济建设与发展研究

SHUZI JINGJI JIANSHE YU FAZHAN YANJIU

著　　者:李晶晶

责任编辑:金　鑫

出版发行:吉林人民出版社(长春市人民大街 7548 号 邮政编码:130022)

印　　刷:吉林省海德堡印务有限公司

开　　本:787mm×1092mm　　1/16

印　　张:9.25　　　　　字　　数:123 千字

标准书号:ISBN 978-7-206-21066-2

版　　次:2024 年 5 月第 1 版　　印　　次:2024 年 5 月第 1 次印刷

定　　价:68.00 元

前　言

　　迈向 21 世纪，以数字化、网络化和智能化为突出特征的第四次科技革命持续、迅速发展，数字经济与人类社会不期而遇，成为继农业经济和工业经济之后的人类新经济范式和新经济时代。伴随数字产业化和产业数字化的深度演绎和全面发展，数字经济从根本上重塑人类生产方式、生活方式和人类社会经济结构。数字经济逐渐成为全球经济增长的主要动力。数字经济的发展为各行各业打开一扇新的大门，成为带动传统经济转型升级的重要途径和驱动力量，创造了无限的机会和挑战。数字经济已成为世界公认的新经济、新业态、新动能，世界主要国家都把发展数字经济作为推动经济社会转型、培育经济新动能、构筑竞争新优势的重要抓手。

　　近年来，中国数字经济快速发展，各项指标位居世界前列，数字技术与传统经济持续融合，中国已成为名副其实的数字经济大国。充分理解全国统一大市场建设的深刻内涵和作用机理，把握数字经济在全国统一大市场建设背景下的重大发展机遇，选择符合全国统一大市场建设需求的数字经济发展路径，对于我国经济社会高质量发展具有重要意义。本书围绕数字经济进行论述，内容包括数字经济基础理论、数字经济发展的重要性、产业集群理论及经济促进分析、数字与产业、数字经济对产业结构升级的影响研究、产业数字化转型研究、实体经济的数字化转型、民生行业的数字化转型、金融行业的数字化转型。衷心希望本书能够给数字经济相关工作者提供些许参考,能够助力中国数字经济的发展。

笔者在撰写本书的过程中,参考和借鉴了数字经济方面的大量文献资料,在此对相关作者表示诚挚的谢意。书中不足之处在所难免,敬请批评指正,以便日后修改完善。

目　录

第一章 数字经济基础理论

第一节 数字经济学的产生及其研究对象

一、数字经济学的产生

(一)社会环境为数字经济学提供了生长的土壤

1. 全球网民数

网络市场前景广阔,数字经济已成为全球经济发展的潮流。根据《数字 2023 全球概括报告》数据显示,目前全球共有 51.6 亿互联网用户,占全世界总人口的 64.4%。

2. 移动支付

移动支付是指移动客户端利用手机等电子产品来进行电子货币支付。移动支付将互联网、终端设备、金融机构有效地联合起来,形成了一个新型的支付体系。移动支付不仅能够进行货币支付,还可以缴纳话费、燃气、水电等生活费用。移动支付开创了新的支付方式,使电子货币开始普及。

随着移动支付的不断普及,支付宝、微信支付等支付平台的不断发展,越来越多的用户开始使用手机进行移动支付。现如今,人们出行已经很少携带现金。

3.工业互联网平台

工业互联网平台是面向制造业数字化、自动化、网络化、柔性化、智能化需求,构建基于海量数据采集、汇聚、整理、分析的服务体系,从而支撑制造资源泛在连接、弹性供给、高效配置的工业云平台。目前,全球各地有实力的大企业都在开发内部网络系统,甚至有些公司还拥有自己的卫星通信系统。

(二)前期的相关研究为数字经济学的建立提供了理论基础

随着数字技术日新月异的进步,数字经济也在突飞猛进地发展,学界、业界纷纷把研究的视野从信息经济学、互联网经济学、网络经济学拓展到数字经济领域,把数字经济发展中出现的一系列新现象、新问题、新理论作为主要研究内容。目前,国内外学者对数字经济的相关研究已经逐渐从数字经济活动、数字经济现象、数字经济发展过程中出现的问题逐渐深入为对数字技术、数字经济运行的规律、数字经济的本质及数字经济发展的理论机理的研究,这对于构建数字经济学的主要内容及框架体系都是十分有益的。

二、数字经济学的研究对象

作为传统经济学的一门新兴分支学科,数字经济学与其他学科区分开来的标志应该就在于其也像其他的独立学科一样,拥有自身独特的研究领域与研究对象。如果说数字经济学也要具体细分为微观数字经济学与宏观数字经济学,那么其具体要研究的对象与领域主要就是数字经济条件下资源的优化配置和充分利用问题。

数字经济从狭义上来说指的就是信息与通信技术(Information and Communications Technology,ICT)相关产业,但从根本上讲,数字经济不仅仅是 ICT 产业,ICT 产业只是数字经济的基础部分,更多的是数字经济下传统产业可以被数字化改造,从而不但使其实现低成本、高效率的增值,而且促进经济结构整体优化升级与社会运行效率的稳步提升。传统产业与数字化融合的部分才是数字经济的主要内容。从长远来看,在数字经济时代,所有的市场主体都应具备较高的数字素养与意识,都会积极地使用数字化技术,否则将不能适应数字经济发展而终被淘汰。

第二节　数字经济的内涵

20世纪90年代,互联网拉开了数字经济发展的大幕。近年来,随着移动互联网、大数据、云计算、物联网、人工智能、无人驾驶、3D打印等数字技术的创新驱动,以及这些技术逐渐向经济社会的各个领域的融合与渗透发展,人们对数字经济的认识也在持续深化,这不仅使人们的生产活动、生活方式甚至整个思维方式都发生了巨大的改变,也使数字经济的内涵和外延得以不断拓展。

一、数字经济的定义

数字经济也称新经济、互联网经济、网络经济、信息经济,但数字经济的内涵要远远大于仅仅指由互联网驱动的经济活动的互联网经济。网络经济、信息经济也仅仅指数字经济发展的早期或前一阶段,即依赖信息处理技术和网络建设来驱动的信息经济发展的初级阶段,而数字经济则指的是信息经济的高级阶段。时至今日,驱动数字经济发展的已经不是固有技术本身,而是数字技术的大规模运用与不断创新。

数字经济是继农业经济与工业经济之后一种全新的经济形态,随着人们对数字经济认识的不断深化,不同时期、不同学者与机构对数字经济的定义也会存在差异。但目前各界使用最多的是G20(二十国集团)杭州峰会上达成的《二十国集团数字经济发展与合作倡议》对数字经济的定义:数字经济是指以使用数字化的知识和信息作为关键生产要素、以现代信息网络作为重要载体、以ICT的有效使用作为效率提升和经济结构优化的重要推动力的一系列经济活动。

首先,从数字经济关键生产要素的角度来看,其不同于以往把土地、能源、劳动力、资本等作为农业经济与工业经济下的关键生产要素,而是把富含知识和信息的数据或数字化的知识与信息作为数字经济下的关键生产要素,从而作为一种新的技术经济范式。数字经济在基础设施、产业结构、就业结构、治理体系上与农业经济和工业经济表现出显著不同的新特点。其次,从数字经济发展的基础与载体来看,数字经济把现代信息网络与数字平台作为载体,而不是信息初级阶段依托宽带与互联网等载体。最后,从数字经济发展的根本动力来看,云计算、大数据、物联网、人工智能、区块链等信息通信与数字技术成为数字经济发展的根本动力。总之,数字经济以数字化的知识和信息作为关键生产要素、以现代信息网络与数字平台为重要载体,通过相关数字技术的有效应用,推动传统领域的数字化转型与升级,进而实现价值增值和效率提升。

二、数字经济的具体内容

从 20 世纪 90 年代数字经济的兴起到现在,历经多年的发展,随着数字技术不断向农业、制造业、服务业等传统领域渗透,数字经济所包含的内容也远远超过信息通信、电子技术、软件业等 ICT 产业发展的范畴,而融入经济社会的各个领域与层面,数字经济的内涵与外延得以持续扩展。

数字经济是以数字技术创新为核心驱动力,并通过与传统产业的融合与渗透,促进传统产业数字化、自动化与智能化水平不断提高,从而加速经济升级与社会转型的经济形态。由于数字经济更多的是融合型经济,所以根据现行的国民经济行业分类和统计标准,要较为准确地界定与衡量数字经济的规模存在较大的困难,但对数字经济具体内容的界定日渐清晰。

(一)数字经济超越了信息产业,概念蕴意丰富

随着数字技术的飞速发展,ICT 产业逐渐崛起为经济社会中创新最为活跃、成长最为迅速的战略性新兴产业部门。但随着数字技术广泛应用到经济社会各行各业,不但全要素生产率得以提升,整个经济形态得以重塑,经济社会面貌也得到了全面改造,因此,不应将数字经济简单地看作信息与数字产业。综合多方观点,数字经济应包含两个部分。

第一部分是指数字产业化的数字经济基础部分,主要包括电子信息制造业、通信业、软件和信息技术服务业等ICT产业。其具体又分为两种类型:一是资源型数字经济,大致对应大数据、云计算等数字技术的核心业态与应用领域,主要包括数据采集、存储、分析挖掘、可视化、交换交易等;二是技术型数字经济,大致对应数字技术本身及其关联业态部分,主要包括智能终端产品硬件、软件研发等数字技术软硬件产品开发、系统集成、数字安全及虚拟现实、可穿戴设备、3D打印、人工智能等产业领域。

第二部分是指传统产业数字化的数字经济融合部分,即数字技术对传统产业改造所带来的效率提升和产出增加的产业数字化部分。此部分在数字经济中所占比例越来越大,成为数字经济的主体部分,但这部分却更难以准确衡量。其具体也分为两类。一类是融合型数字经济,这部分在生产过程中的融合特征较明显,主要指通过数字技术与第一产业、第二产业等实体经济的融合创新应用,直接推动传统产业数字化转型升级,如智慧农业、智能制造等新型业态。另一类是服务型数字经济,主要是指服务业与数字技术的融合、应用与创新,涌现出的新模式与新业态:一部分是指通过数字技术提升服务质量、培育服务新业态,如旅游餐饮、游戏娱乐、健康医疗等领域的线上线下整合协同;另一部分则是指通过数字技术的使用导致服务模式与服务形态的创新,甚至直接提供一种新服务,如智慧物流、互联网金融、数字化会展服务等。

(二)数字经济是一种经济社会形态,也是一种技术经济范式

数字经济是继传统的农业经济与工业经济之后的一种经济社会形态,在基本特征、运行规律、相关理论等维度与传统的农业经济和工业经济相比出现了根本性变革。所以对数字经济的认识,也需要站在人类经济社会形态发展的历史长河中,不断拓宽视野、范围和边界,才能认清其对经济社会的系统性、革命性和全局性影响。

此外,作为一种技术经济范式,数字技术具有基础性、网络性和外溢性等特征,不但会推动经济效率大幅提升,促进社会阶跃式变迁,大幅度降低社会成本,给人们的生活带来极大的便利,甚至有利于整个经济与社

会的重塑,使人们的行为方式也发生彻底的变革。

(三)数字经济是信息经济发展的高级阶段

数字经济的内涵较为丰富,既包括以非数字化的知识和信息驱动的信息经济低级阶段,也包括数字化的知识和信息驱动的信息经济高级阶段,二者共同构成信息经济。数字经济属于信息经济发展的高级阶段,特别是随着未来非实物生产要素的数字化成为不可逆转的历史趋势,数字经济也必将成为未来信息经济的发展方向。信息化、数字化仅仅是经济发展的一种重要手段,所以数字经济除了包括数字化等手段外,还包括建立在数字化基础上所产生的经济转型升级和社会形态的彻底变革等数字化发展的结果。

第三节　数字经济的特征及体系

一、数字经济的特征

作为一种新的经济形态,无论是从基本特征还是规律性特征方面,数字经济都呈现出有别于传统农业经济与工业经济的独特性。在综合多方主流研究的基础上,分别从以下两方面予以阐述。

(一)数字经济的基本特征

1.数据资源成为数字经济时代的核心生产要素

与传统的农业经济、工业经济一样,数字经济也需要生产要素和相应的基础设施与之配套,但每一次经济形态的重塑与社会形态的变革,都会产生与之相适应又赖以发展的生产要素。数字经济下由于很多要素都需要数字化,所以又不同于前两种经济形态,数据成为与数字经济相适应的新的生产要素。如同土地和劳动力为农业时代的关键生产要素,资本、技术、矿产、物资为工业时代的关键生产要素一样,数字经济的关键生产要素为富含知识与信息的数据资源。随着数字经济向经济社会各个领域扩展与渗透的速度的不断加快,数据驱动创新渐渐成为国家创新发展的关键形式和重要方向。

随着数字经济的不断向前推进,与人类的消费、投资等经济行为相关的信息都将以数字化的格式存储、传递、加工和使用,大量数据的增长及对其的处理和应用需求催生出了大数据概念,数据已日渐成为社会基础性战略资源。同时,随着数据存储和计算处理能力飞速提升,数据的价值创造潜能大幅提升。庞大的数据资源将成为企业的核心竞争力,因为企业的核心是产品和服务的创新引领能力,企业创新的核心是将用户、环境等产生的各类数据资源分析转化为对企业决策有用的知识与信息,基于数据的按需生产、基于数据的生产流程改造与服务水平提升日益成为可能,谁掌握了相关数据,谁就更有优势。

随着数字技术向人类社会生产、生活的不断渗透,人们的经济交易方式与日常行为手段变得更加便捷,甚至数字技术下社会的全面治理方式也变得更加有效。数据已成为数字经济时代的生产要素,而且是最核心、最关键的生产要素,数据驱动型创新也正在向经济、社会、文化、政治、生态等各个领域扩展渗透,甚至成为推动国家创新的重要动力。大量数据资源不仅为人类社会带来了更多新的价值增值,也为人类价值创造能力发生质的飞跃提供了不竭动力。但数据要素也有一些不同于其他要素的特征:第一,数据要素具有规模报酬递增的特性,数据越多,包含的信息量越大,越能挖掘出更多的内涵与价值,与传统经济下要素的规模报酬递减刚好相反;第二,数据要素可重复使用、多人使用,但传统要素只能使用一次,用完就不复存在;第三,数据虽然可无限增长,可重复利用,又具非排他性,甚至突破了传统经济下制约经济发展的资源稀缺性,但数据依赖于经济主体的消费与投资行为,缺乏独立性,能不能作为独立的生产要素推动经济的持续增长与永续发展仍存有疑问。

2.数字基础设施成为数字经济发展的关键基础设施

与传统的工业经济下的经济活动更多架构在以铁路、公路和机场为代表的物理基础设施之上一样,数字经济活动的推进与实施也需要相应的基础设施与之配套。不同的是,数字经济下基础设施既包括宽带、大数据、云计算中心等专用型数字基础设施,也包括增加了数字化组件的传统基础设施或数字技术对传统物理基础设施的数字化改造,即混合型数字基础设施。例如,数字化停车系统、数字化交通系统、数字化监测系统等对传统物理基础设施的数字化改造就属于混合型数字基础设施,这两类基础设施共同构成数字经济的核心基础设施,推动着数字经济迅猛发展。

综合来看,传统工业时代的经济基础设施以铁路、公路、机场、电网等为代表,数字经济时代的基础设施基于"云+管+端"的架构运行。"云+管+端"的数字基础设施通过对传统物理基础设施进行数字化改造,使土地、水利等传统农业基础设施和交通、能源等工业基础设施趋向智能。

3. 数字技术的进步成为数字经济发展的不竭动力

人类经济社会发展从来不是循序渐进的平稳进程,技术的进步和变革是推动人类经济社会跃迁式发展的核心动力,如蒸汽机引领工业革命,ICT 引发了信息革命。数字技术的普及应用与日新月异的创新进步必将引发数字革命,为数字经济不断发展壮大提供核心动力。

近年来,移动互联网、云计算、物联网、区块链等前沿技术正加速进步和不断突破创新,在推动已有产业生态不断完善的基础上,孕育出更多新模式与新业态;人工智能、无人驾驶、3D 打印等数字技术与智能制造、量子计算、新材料、再生能源等新技术以指数级速度融合创新、整体演进与群体突破,不断强化未来数字经济发展的动力,推动着数字经济持续创新发展,全面拓展人类认知和增长空间。

4. 数字素养成为数字经济时代对劳动者和消费者的新要求

就像农业经济和工业经济时代下某些职业与岗位对劳动者的文化素养有一定要求一样,数字经济下的职业和岗位也要求劳动者具有一定的数字素养。随着数字技术突飞猛进的发展及向各行各业的不断渗透,不同于传统经济下的文化素养要求只限于某些职业或岗位,对多数消费者的文化素养则基本没有要求,数字经济下的数字素养甚至有可能会成为所有劳动者和消费者都应具备的重要能力。特别是在未来的劳动力市场上,谁具有较高的数字素养,谁就有可能拥有突出的数字技能和专业技能,从而脱颖而出。此外,数字素养被联合国认为是与听、说、读、写同等重要的基本能力,数字素养被确定为数字时代的基本人权。劳动者不具备数字素养将很难胜任未来的工作,更不可能在工作岗位上脱颖而出;消费者如果不具备基本的数字素养,将很难在市场上识别、购买到满意的产品,更别谈正确、方便地享用数字化产品与服务。可见,数字素养将与文化素质、专业技能一样,成为未来的劳动者与消费者必备的基本素养,成为数字经济发展的关键和重要基础之一。

5. 数字经济平台生态成为数字经济下的主流商业模式

(1)平台生态化成为数字经济下产业组织的显著特征

作为数字经济 2.0 的基础,数字平台依托"云网端"等数字经济基础设施,汇聚了数字经济下的数据等关键生产要素,创造出了全新的商业环境,不仅改变了单个企业的运行模式与满足了规模经济发展的需求,也消除了传统商业模式下产品从生产者到消费者过程中存在的层层分销体系,使交易成本大幅度降低。而且依托数字技术,各种类型、各种行业的中小企业借助市场范围极为广泛的数字经济 2.0 平台,不仅可以摆脱规模小的不利影响,也不再受时间与空间地域限制。这使得全球各地的消费者和商家能够实现超大规模的协作,商家获得了更多直接服务消费者的机会,获得了较大的利润,消费者的福利水平也因借助数字平台服务获得了大幅提升。

(2)数字平台组织有助于资源的优化配置,促进价值创造与汇聚

一方面,传统的企业组织加快向数字平台转型的步伐,包括 ICT 企业与传统制造业。另一方面,从 20 世纪 90 年代到现在,制造业、商贸、物流、交通、旅游等各垂直细分领域数字平台快速涌现,加深了资源优化配置的程度,其市值增速也远高于传统企业。

(3)数字平台推动价值创造主体实现多方互利共赢

不同于工业经济时代传统企业作为价值创造主体采取的上游原材料采购、中游加工生产、下游销售及售后服务的最终品线性价值创造模式,

也不同于传统经济下买卖双方集中在规模有限的大型超市等实体平台实现点对点交易,数字经济时代,不论是新兴平台企业还是传统型企业,依托互联网的平台,通过整合相互依赖的产品和服务供给者,将以去中心化为原则的自动匹配算法作为技术支撑,不但可达到较大规模,也容易形成低成本、高效率的点对点联结,并促成它们之间的适度竞争、交易协作与共同创造价值,从而形成强大的竞争力。这本质上就是数字经济下的价值创造主体通过广泛采取开放平台策略,有效整合上游供应商、中游竞争者与下游客户群体,由传统的竞争转向共建互利共赢的生态系统,增强平台整体及各价值创造主体的吸引力和竞争力,从而共同抵御外部环境的冲击。国内数字企业也都采取开放平台战略,随着大量企业与消费者的入驻,平台的价值不断增加,整个平台的竞争力也得以不断提升。

6.数字产业的基础性、先导性作用突出

历史上,每一次科技变革和产业革命进程中,总有一些率先兴起、发展迅速、创新活跃、外溢作用显著的基础性、先导性产业引领带动其他产业的创新发展。与交通运输产业、电力电气产业、信息产业分别成为蒸汽技术、电气技术与信息技术三次科技革命推动产业变革的基础先导产业部门类似,集中大数据、云计算、物联网、人工智能、3D打印等数字技术研发的数字产业成为驱动数字经济革命的基础性、先导性产业。作为技术密集型产业,数字产业的基本特点就是持续动态创新,不仅引领带动作用强,其强大与活跃的创新能力更是其竞争力的根本保证。受此驱动,数字产业也成为研发投入的重要领域,目前全球数字产业在经历早期快速扩张后已经步入稳定发展的轨道,并成为支撑全球各国经济发展的战略性部门。

7.多方融合成为推动数字经济发展的主引擎

(1)数字产业与传统产业融合

随着数字技术突飞猛进的发展,人类经济社会逐渐从传统农业经济、工业经济阶段过渡到数字经济阶段,人类经济活动空间不断从物理空间转移到虚拟网络上;而随着传统行业数字化进程的加快,人类经济活动又从线上、网络上不断向线下、实体空间扩展。这主要表现在两个方面:一方面,数字平台不断向线下拓展,甚至收购传统的制造、批发、零售等行业企业,创造出新娱乐、新零售、新制造、新金融等一系列新产业与新模式,不仅大大扩展了人类经济社会活动的空间,也使人类的物质与精神社会生活更加丰富多彩。另一方面,传统实体领域的行业企业,如制造、金融、物流、娱乐等企业,不断加大数字化融合、改造与创新的力度,把数字化融入企业战略管理、研发设计、生产制造、物流运输、售后服务等多个流程环节,出现了智能制造、智慧物流、数字金融、泛娱乐等新型业态。如国内传统企业数字化、网络化、自动化、智能化转型步伐的加快,不仅使传统行业的生产效率得以不断提升,而且极大影响着消费者的行为活动方式。

另外,随着数字产业与传统产业的日渐融合,整个经济发展空间也得以不断提升。一方面,数字经济加速从消费向生产与服务、从线上向线下传统产业的渗透,O2O(Online To Offline,线上到线下)、分享经济、众包、众筹等新模式、新业态持续涌现,不断提升着资源利用效率和人类生活体验;另一方面,数字技术对传统产业的改造和融合带来的效率提升与产出增长,已日渐构成数字经济的主要部分,成为不断驱动数字经济发展的主引擎。

纵观历史,伴随历次科技革命,先导型产业部门最先兴起,但其占经济总量的比重日趋减少,而新技术与传统产业的融合越来越成为经济发展的主引擎。这已成为历次技术变革的铁律。蒸汽技术革命时期,英国的纺织等先导性基础产业占 GDP 的比重一度超过 40%;电气技术革命时期,化工等先导性基础产业部门占 GDP 的比重已下降到 20%左右;信息技术革命时期,主要国家 ICT 产业等先导性基础部门的比重稳定在6%左右。如今在数字技术革命与数字经济发展阶段,虽然主要经济体数字产业产出占其经济总量的比重还没有精确的数值与准确的计量,但毋庸置疑的是,数字技术对传统产业的渗透、融合、改造、创新带来的效率提升和产出增长已经成为推动国民经济增长的重要组成部分与全球经济发展的主引擎。

(2)人类社会、网络世界和物理世界日益融合

随着数字技术日新月异的发展,之前的网络世界不再只是人类生存物理世界的虚拟映象,而是成为人类实实在在的新的生存空间与主战场。同时,数字技术与实体物理世界的融合,也使得现实物理世界的发展速度逐渐向网络世界靠近,甚至逐渐呈现出指数级增长趋势,这主要是因为在物联网技术与数字平台发展的基础上,随着多功能传感器、可穿戴智能装备、人工智能等的日益普及,人类经济社会进入人与人、人与物、物与物的万物互联时代。在此基础上,随着无人驾驶、虚拟现实、增强现实等数字技术的发展,又出现了更强调机器和人类甚至不同机器之间实现有机协作与良好沟通的"人机物"融合的信息物理生物系统,这一系统不仅彻底改变了人类经济活动空间,更实现了网络世界和人类物理世界的无缝衔接与交互,使人类走进一个网络世界、物理世界与人类社会三者互联互通的新世界。

8. 多元协同数据治理成为数字经济的核心治理方式

数字经济2.0是一个去中心化的,平台、企业、消费者等参与主体更加多元的复杂生态系统。线上线下、物理世界与虚拟世界、跨行业跨地域出现的新老问题不断汇聚,这就要求过去仅依靠传统的集中单向、侧重控制的政府封闭式监管的社会治理模式逐渐向平台、企业、用户和消费者等数字经济生态的重要参与者多元参与、侧重协调、开放协同的数据治理方式转变。首先,如大型跨国公司为传统工业经济下配置和协调资源的基本单元,数字平台是数字经济下的重要组织形式,平台既有治理优势,也有治理责任和义务,所以数字经济的治理要发挥平台的枢纽作用,将平台纳入治理体系,借助平台规则,在合理界定政府、平台、第三方的责任的基础上赋予其一定的治理职责,这有助于平台上的各类经济问题的治理。其次,数字经济时代,参与数字经济活动的各类主体均应积极参与对与平台相关的问题的治理,特别是要激发大量依托平台的企业和与平台相关的消费者参与治理的积极性和能动性。只有让他们积极加入数字治理的行列中来,才便于形成遍布全数字平台与全网的全民治理体系,进而便于

对数字经济发展进程中出现的较为复杂的、海量分散的治理问题进行有效治理,如淘宝大众评审机制,就是典型的平台治理案例。最后,在数字经济背景下,面对各经济主体纷繁复杂的消费与投资等经济行为数据,传统的商业监管方式也显得力不从心,而利用大数据、云计算、人工智能等先进数字技术,实现治理手段的精准化、适时化、智能化,能更好地解决数字经济下出现的问题。

(二)数字经济的规律性特征

虽然目前全球数字经济发展正从成长期逐渐过渡到成熟期,许多规律性的特征还没有充分体现出来,需要在未来数字经济发展过程中去不断探索与挖掘,但许多学者已总结出关于网络经济和传统经济的种种不同的特点与特征,可以在其基础上对数字经济的规律性特征加以简单描述。

1. 数字经济是昼夜不停运作的全球性经济

由于信息与数字网络每天 24 小时都在运转中,基于互联网、大数据、云计算等数字技术的经济活动很少受时间因素的制约,可以全天候地连续进行。而且由于信息与数字网络、数据的全球流动把整个世界变成了"地球村",全球各地的地理距离变得不再关键,基于数字技术的经济活动把空间因素的制约降到最低程度,使整个经济的全球化进程大幅加快,世界各国经济的相互依存性空前加强。随着商品、服务与资本全球流动的放缓,数据全球流动速度不断加快,数字经济逐渐成为主导经济全球化的主要动力。

2. 数字经济是去中介化的虚拟经济

由于移动互联网等数字技术的发展,经济组织结构日渐扁平,消费者和生产者之间直接联系与沟通更加便捷,除了因某些交易的复杂性而需要专业经纪人与信息服务中介之外,根本不需要过去更多的分销、批发与零售等中间环节。另外,数字经济是虚拟经济,与网下的物理空间中的现实经济相对应、相并存、相促进。它是指在数字技术下数字网络构筑的虚拟空间中进行的经济活动,经济的虚拟性更多源于转移到线上网络空间经济活动的虚拟性,而并不是指期货、期权等虚拟资本形成的真实的虚拟经济。

3.数字经济是合作大于竞争的开放经济

工业经济时代,传统价值创造主体通过上游采购原材料、中游加工生产后再向下游出售最终品和提供售后服务,形成的是线性价值增值链,每个价值链环节上的竞争对手越少,利润就越丰厚,它们的目标是消灭竞争对手。数字经济时代,不论是新兴平台企业还是传统转型企业,以及依托其生存的各类中小微企业,都是相互依赖的产品和服务供给者,平台更多的是采取开放策略,构建互利共赢的生态系统,以增强平台的吸引力和竞争力。依托平台的企业之间虽存在适度竞争,但也更多是交易协作与共同创造价值的关系,合作远大于竞争。企业可持续的竞争优势主要不再依靠自然资源的占有或可供利用的资金多少,而是更多地依赖于通过相互合作共享更多富含信息和知识的数据。只有在相互协作中,企业的活力与应变能力才能不断提高。

4.数字经济是速度型经济

数字经济成为速度型经济,更多是由数字经济的规模报酬递增或外部性导致的,哪家企业能够以最快的速度获得规模经济,就会越来越强。数字技术日新月异,在数字技术支撑下信息传输速度、产品升级换代的速度在加快,创新周期在缩短,竞争越来越成为一种时间的竞争。不论是生产制造型企业还是生产服务业企业,谁可以按最快的速度收集、处理和应用大量的数据,谁可以第一时间把纷繁复杂的数据变为可供企业决策、生产的知识与信息,就能不断满足消费者多样化的定制需求。数字经济将是在注重质量的基础上也注重速度的经济。

5.数字经济是持续创新型经济

数字经济源于移动互联、大数据、云计算等数字技术,以此为基础的数字经济属于技术与研发密集型经济,需强调教育培训、研究开发,否则就不能称为新经济,但数字经济又超越数字技术,技术的创新更多来自有利于创造性发挥的组织环境、制度环境、管理观念与激励机制,所以在技术创新的同时还需要有组织创新、制度创新、管理创新与观念创新等的配合。

另外,数字经济是持续创新的经济,否则其新经济的"新"也就难以维持了。所以,数字经济需要持续创新,只有持续创新,才能永葆活力。

6. 数字经济是注意力经济

数字经济下每个人都置身巨量信息的包围之中,只有独树一帜才能获得注意力,博得更多的关注,迅速聚集到大批用户或粉丝,并在激烈的竞争中胜出。故而涌现出许多免费的新商业模式,如先通过通信聊天短期聚集大量用户,然后再开通移动支付、电商理财,以及生活服务等众多商业功能的应用程序;通过分享自己的生活方式,个性表演或展示法律、交通、医学、体育、娱乐、游戏等专业知识等,收获大量粉丝,使个人也成为品牌,再通过接广告和营销商品,或者直接将社交流量出售给广告商来变现的短视频直播平台模式;按付费多少决定搜索到的商品、服务、企业及其他内容的排名的竞价排名模式,排名越靠前,受到消费者的关注度就越高,潜在的商业价值就越大。这些新商业模式都是通过博得消费者眼球,争夺消费者注意力,最后再变现的。

此外,在数字经济下各智能互联及数字平台都通过数据挖掘技术,获取、记录用户在互联网上的行为数据,进而分析出用户的行为特点与需求。只要用户曾经在网上搜索或关注过某方面的内容,相关平台就会记录并据此向消费者智能"推送"类似的、本地化的、可方便获得的个性化的服务,更精确地实现内容传输与受众注意力的匹配,以在碎片化信息过载的数字经济环境中,对大量信息进行过滤和选择,满足追求个性化的信息消费者的普遍需求,进而赢得市场和创造更多的价值。

7. 数字经济是传统边界日益模糊的经济

在传统农业经济与工业经济时代,生产者和消费者是泾渭分明的,企业组织只有通过层层组织沟通结构构建起明显的企业边界与社会区隔,才能比竞争者获取到更完全的消费者需求信息,进而有效降低企业的交易成本,不同行业之间也由于明显行业边界与技术和市场壁垒的存在而难以跨越。与传统农业经济和工业经济下的供给与需求经济活动有明显的区分,以及生产者和消费者也有非常明显的界限不同,数字经济下,随着数字技术日新月异的发展,个人、企业、社会,甚至是国家层面的传统边界都日渐模糊,出现了更多的产销一体化与无边界组织。

在供给方面,借助数字技术,伴随着生产者与消费者距离的拉近,一方面,企业内部组织结构中纵向的供应链环节不断减少,以往科层式的组织结构不断向消费者倾斜,并越来越呈现出扁平化的特征;另一方面,同一行业甚至不同行业之间的边际也日渐模糊,不同领域的企业之间在数字技术的作用下,依托数字平台可以打破企业与行业边界,通过更多的跨部门和跨行业协作,实现不同商业模式的交融整合,从而实现更大的创新。目前,许多行业企业通过数字化改造,已实现了通过大数据技术挖掘用户的多样化、个性化需求与建议,进而有针对性地设计、开发新产品,在航空航天与汽车制造领域甚至可借助 3D 打印技术完全按消费者的个性化需求设计、打印新产品,这样厂商在提供产品和服务的过程中充分考虑与结合了用户的需求。

在需求方面,消费者需求的大数据分析成为新产品开发的源头,消费者的创意可以融入企业产品的设计过程中。其实在数字技术下,随着消费者行为数据透明度的提高,不但研发设计环节可融入更多消费者的创意,而且消费者在厂商产品与服务精准广告投放与大数据营销的指引下,完全可以参与产品生产的全过程中,如果消费者在生产、消费过程中发现问题,可将意见或建议通过网络或数字平台及时反馈到生产方产业链各个环节。这种消费者参与生产和消费新模式的出现,使原来的供给方生产由大批量、大规模、模块化、标准化、同质性产品向小批量、分散化、多品种、个性化、多样化、异质性产品转变,甚至单品单件,按订单精准生产,用户可全程参与其中,这样消费者的需求、企业的生产和企业上下游供应链等多种相关数据可以在数字网络中自由流动、高效传输与应用,不仅改变了传统的价值创造体系与创造过程,使需求导向生产、产销一体的生产模式成为现实,进而创造出非凡的价值,而且消费者可通过 3D 打印设备自行生产一些商品,完成产销一体的全过程。

可见,在网络化、数字化、自动化生产组织过程中,数字产业链的不断扩张,不仅将商品研发设计过程、加工生产过程、服务提供过程与消费者联结起来,而且将广告精准投放、顾客建议、原料采购、智能制造、大数据营销、智慧物流配送、售后问题预测与服务、消费体验反馈全部容纳进来,形成全纳产业链,使商品和服务的全过程得以重塑,资源配置的效率也得到极大的提高。

此外,在社会治理与公共服务供给层面,各地各级政府也可借助数字技术通过电子政务、数字政府、一站式政府建设等多种渠道广泛听取民意,及时了解与分析相关经济社会数据,进而实现科学决策、精准施策,从而有助于提高问题的解决效率,提供更好的公共服务。而公众则能够更容易地利用社交网络和政府公共数字平台参与社会治理事务。在全球层面,在数字技术作用下,世界不同地区间的经济往来、民间交流将更加活跃,不同文化之间的交融、汇聚将更加频繁,数字技术、数字产品将会在经济、政治、教育、文化、生态等越来越多的领域产生跨地域、跨国界的深远影响。

8. 数字经济是普惠化的经济

在数字经济2.0环境中,人人都是平等的,不论是在科技、金融还是贸易领域,每个人不论地位高低、贫富、贵贱及身体状况,都可以平等地传播信息、交流沟通、发表评论、经商创业,每个人都可以平等地共享数字经济带来的好处,这就是数字经济"人人参与、共建共享"的普惠化特点。

在普惠科技方面,以宽带、大数据、云计算为代表的按需服务业务使得个人及各类企业都可以只付出极低的成本就轻松获得所需要的搜索、计算、存储功能。在普惠金融方面,以互联网信用为基础的新型信用评分机制,通过大数据统计可以使不同规模的个体得到精准的风险评估,从而让更多的个体更快享受到适合其风险的金融信贷服务。在普惠贸易方面,数字经济下国际贸易信息更加充分,贸易流程更加方便透明,不论规模大小,各类企业甚至个体都能参与跨境电商中,全球消费者都能方便、快捷地购买来自全球任意地点的商品,真正享受到卖全球与全球买的红利,而贸易秩序也将更加公平、公正。在共享经济领域,数字经济时代下数据自由流动与信息传送速度不断提升,使经济社会各个层面实现自由高度联通,进而引起大量资源的重组、聚合与合理流动,使交易成本和资源配置优化的成本降到最低,广大社会民众只需要通过付出接近零成本的代价就可聚合社会上大量的闲散碎片资源,并创造出更大的价值,使资源利用效率达到最大化。甚至在数字技术作用下,借助数字平台还可实现资源在全球范围内的组合与重新优化配置,这既为全球节约了闲散资源,提升了全球资源配置的效率,也可使全球消费者享受到更低价的服务,而服务提供者却可以收获更大的额外收益,供给端、需求端以及整个社会都可获益,全球福利水平都会提高。

二、数字经济的体系架构

(一)数字经济的主要因素

要发展数字经济,首先要在发挥好数据等要素的作用的基础上,促进数字技术与数字产业的快速发展,进一步促进数字技术与传统产业的融合、渗透、改造与创新,并建立起有效保障数字经济新模式、新业态、新产品发展的市场和政府保障框架,进而不仅促进生产率的进一步提升,也使整个经济社会进一步转型升级。数字经济的主要因素包括生产要素组合、数字技术与数字经济发展的相关制度环境。

一是生产要素组合。不论是农业经济、工业经济还是数字经济,都有推动其发展的某种或某几种重要的生产要素组合。例如,土地与劳动力为农业经济下的主要生产要素组合,资本、劳动力为工业经济下的主要要素组合,数字经济下的主要要素组合为富含知识和信息的数据、数字技术与数字基础设施等。随着数据的重要性不断提升、数字技术的不断迭代创新、数字基础设施的升级换代,数字经济也不断向更高的发展水平迈进。

二是数字技术及数字产业。科学技术是第一生产力,正如前几次产业革命中机械化、自动化、电气化、信息化等技术变革推动社会的不断进步与繁荣,大数据、云计算、物联网、人工智能等数字技术及相关产业的发展正推动着数字经济的不断升级。在数字经济下,由于存在更多的外部性、正反馈作用,只有那些能够解决消费者痛点、满足市场需求的更新的数字技术与数字技术产业,才能成为受众多企业和广大消费者青睐的对象。而且,随着民众收入水平的不断提高与消费需求的不断变化,数字技术及其相关产业也需要不断演进、升级与创新,以更好适应与满足市场需求,否则就会被淘汰。数字技术与数字产业的发展构成数字经济的基本内容,但更重要的是数字技术对传统的工业、农业、服务业的改造与提升,以及数字产业对传统产业的带动作用,随着数字技术对传统产业的融合、渗透、改造与创新作用的进一步提升,数字经济也在不断向更高级形态演进。

三是制度环境。数字经济属于知识与技术密集型经济,更有效的市场和更有为的政府能为数字经济的发展提供良好的制度保障。因为更加公平、有序、高效的市场机制在数字技术升级、换代与创新中的作用巨大,不仅可激励充分竞争、打破垄断,也可降低交易成本、促进协作,使数字经济的普惠与包容特征得以充分展现。此外,数字经济的发展也离不开更有为的政府调节,政府既不能越位也不能缺位。纵观全球数字经济发展进程,那些在数字经济发展进程中制定前瞻性的政策与战略指导框架,为数字经济发展提供更多的财税优惠、资金扶持、产业发展指导等政策支持的国家可以充分激发投资数字技术研发的热情,数字产业以及数字技术对传统产业的带动取得了较快的发展。

在数字经济发展进程中,只有充分发挥富含知识与信息的数据、数字技术与数字基础设施要素组合的关键作用,并通过更高效的市场制度环境激励和更有为的政府调节与引导,营造促进数字技术快速迭代与创新的良好环境,才能不断推动数字经济向更高层次迈进。

(二)数字经济层级体系

综合前面的分析,结合当前我国数字经济发展的具体实践,数字经济体系的具体层级大致可以分为数字技术与数字基础设施的支撑层、促进数字经济发展的数据层、建立在支撑层和数据层基础之上的商业层、为整个体系制定治理规则和制度的治理层。

1. 支撑层：数字基础设施与数字技术

数字经济的支撑层是以数据中心、云计算中心、移动智能终端等为代表的数字基础设施与以大数据、云计算、物联网、人工智能、区块链、3D打印等为代表的数字技术通过融合应用，为上层数据获取、商业活动开展与数字经济治理提供支撑的基础层级。

2. 数据层：作为关键生产要素的数据

作为数字经济核心生产资料和生产要素的数据，需要在支撑层数字基础设施的基础上，借助数字技术，从各种各样的智能终端收集，并经过网络传输到云端的大数据平台，再进行存储、整理、筛选、加工、分析和共享，通过人工智能、数据挖掘、深度学习等相关算法才能上升为知识与智慧，指导行业生产实践，进而实现其在不同业务场景的应用价值。如同石油和煤等自然物质资源为工业经济时代的能源一样，物理世界在虚拟空间的客观映射的数据则是数字经济时代人类自己创造的可再生、可反复被多人同时使用的新能源。随着物联网等数字技术的不断发展，人与人、人与物、物与物之间万物互联的海量数据都会被记录、存储、整理、加工、分析并产生更大的价值。

3. 商业层：商业活动

商业层是建立在支撑层和数据层基础上的不同产业的商业活动，既包括数字产业的发展，也包括数字技术对传统产业的渗透、融合、改造与创新，还包括数字经济下催生出的新模式、新业态、新产品，以及这些活动对相关的产业、组织结构与就业方式的影响等。

4. 治理层：数字经济治理

在数字经济发展进程中，与之相关的新问题也不断出现，传统的工业经济下的治理体系在数字经济下的新问题面前显得力不从心。数字经济下以巨型平台为依托，依靠其生存的海量中小微企业之间更多是协同合作、互利共赢的关系,就算是巨型平台之间也需要一定的合作,这与传统工业经济下企业之间的博弈存在着本质的不同。原来传统经济治理结构中的利益格局将面临深刻调整,原来传统经济下的集中统一监管方式也将被更新的协同监管代替,原来传统工业经济下的治理领域也将向更新、更重要的治理领域转变,所以数字经济的治理,不论是在治理原则、治理领域还是在治理方式上与传统工业经济都会有所不同,由此必然产生适应数字经济普惠、共享、协同等特征的普惠治理规则和促进共享的治理原则以及基于数据的协同与大众治理方式。

总之,数字经济的体系架构中的不同层级与数字经济的因素构成存在对应关系:支撑层和数据层与数字经济因素构成中的要素组合对应;商业层与数字产业及数字技术对传统产业的带动对应;治理层与制度环境的保障作用对应。

第二章 数字经济发展的重要性

第一节　发展数字经济的意义

随着信息和通信技术的发展,数字经济异军突起,已成为全球经济社会发展的重要推动力。数字经济的快速发展及其所产生的巨大活力,使得各国政府意识到数字经济的发展对于推动本国和地区经济社会发展的重要作用和意义,纷纷开始关注数字经济的发展,并将数字经济作为推动经济发展的新动力、新引擎。发展数字经济对我国具有特殊意义,因为数字经济成为新常态下我国经济发展的新动能,数字经济是引领国家创新战略实施的重要力量。我国发展数字经济有自身的特殊优势:网民优势孕育了我国数字经济的巨大潜能,后发优势为数字经济提供了跨越式发展的特殊机遇。数字经济是引领创新战略的重要力量,表现在高速泛在的信息基础设施基本形成,数字经济成为国家经济发展的重要引擎,数字经济在生产生活各个领域全面渗透,数字经济推动新业态与新模式不断涌现。总之,我国数字经济发展有着美好的前景。

数字经济的迅猛发展深刻地改变了人们生活、工作和学习的方式,并在传统媒体、商务、公共关系、电影电视、出版、娱乐等众多领域引发深刻变革。发展数字经济正成为信息时代的最强音,对我国而言更具有特殊意义。

一、全球经历数字经济变革

以计算机、网络和通信等为代表的现代信息革命催生了数字经济。数字经济似乎并没有产生任何有形产品,但它可以辅助设计、跟踪库存、完成销售、执行信贷、控制设备、设计计算、计费客户、导航飞机、远程诊治等。

(一)数字经济加速经济全球化步伐

数字经济促进人类社会发生一场划时代的全球性变革,推动人类更深层次跨入经济全球化时代。例如,数字网络的发展以及"赛博空间"的出现,全球化不再局限于商品和生产要素跨越国界流动,而是从时空角度改变世界市场和国际分工的格局;经济数字化拓展了贸易空间,缩短了贸易的距离和时间,全球贸易规模远远超越了以往任何一个时期;凭借数字网络技术的支持,跨国公司远程管理成本大幅度地下降,企业活动范围更加全球化。数字经济加速了信息、商品与要素的全球流动,推动经济全球化进入一个新的发展阶段。

(二)数字经济软化全球产业结构

数字经济时代,数字网络技术的创新及广泛应用推动了全球产业结构进一步知识化、高科技化,知识和技术等"软要素"正在取代资本和劳动力成为决定产业结构竞争力的重要因素。全球产业结构软化趋势愈加明显:一是出现知识驱动的经济发展模式。新一代信息技术蓬勃发展,跨国信息通信技术企业加速市场扩张与产品创新速度,世界各国都在大力发展信息技术产业,实现知识驱动的经济发展模式。二是传统产业加强与信息产业的联系。由于计算机与数字技术带来高效的生产效率,传统产业不断加强与信息产业的前向联系和后向联系,以便拥有更强的产业竞争力和创造更高的产业附加值。三是新型服务业方兴未艾。由于信息技术的普及和创新,计算机和软件服务、互联网信息服务等新兴服务业迅速崛起,电子商务、网络金融、远程学习等新型服务业方兴未艾,知识化、信息化、智能化正在成为全球服务业未来发展的新方向。

（三）新的数字技术助推数字经济以及社会发展

移动、云计算、社交网络、传感器网络和大数据分析是当今数字经济中最重要的技术趋势之一。总的来说就是"智能一切"，即网络和数字化连接家庭、医疗保健、交通、业务流程和能源，甚至政府管理和社会治理。这些新应用依赖于固定和无线宽带网络，以及在互联网上连接的设备，满足不断增长的经济和社会需求。收集的数据将以 M2M(Machine to Machine，即将数据从一台终端传送另一台终端)的方式实现大规模处理数据的"云计算"服务，搜集、处理和分析海量数据，这一方式改变了信息处理的时间量级，被称为"大数据"技术。这些现象共同构成了智能网络的构建模块，带动了社会的整体发展。

（四）移动宽带应用加速数字产品普及

互联网普及率的提高，极大地受益于移动基础设施的发展和资费的下降。在许多新兴和欠发达的国家，移动宽带连接也被广泛提供，使得这些经济体的互联网接入大幅增加。除数量增加外，宽带的速度也在不断提升。移动宽带质量的进步和固定网络上的 Wi-Fi 的大规模普及，使移动设备扩大了应用规模，影响了数以亿计用户的工作和生活。

二、数字经济成为新常态下我国经济发展的新动能

数字经济代表着新生产力的发展方向，对我国而言具有特殊意义。互联网、云计算、大数据等数字经济本身就是新常态下供给侧结构性改革要培育和发展的主攻方向。数字化将发掘新的生产要素和经济增长点，加速传统行业转型。

（一）新常态需要新动能

我国经济在经历了多年的高速增长之后，开始进入一个增速放缓、结构升级、动力转换的新阶段，这一阶段也被称为经济发展新常态。认识、适应和引领新常态已被确定为指导我国经济发展的大逻辑。

（二）信息革命带来了重大机遇

人类经历了农业革命、工业革命后，现在正在经历信息革命。信息革命为我国顺利跨越"中等收入陷阱"提供了前所未有的历史性机遇。从社会发展史看，每一次产业技术革命都会带来社会生产力的大飞跃。农业革命增强了人类生存能力，使人类从采食捕猎走向栽种畜养，从野蛮时代走向文明社会；工业革命拓展了人类体力，大规模工厂化生产取代了工场手工生产，工业经济彻底改变了生产能力不足、产品供给不足的局面；而信息革命则增强了人类脑力，数字化工具、数字化生产、数字化产品成就了数字经济，也促成了数字化生存与发展。以数字化、网络化、智能化为特征的信息革命催生了数字经济，也为经济发展提供了新动能。

（三）数字经济的动能正在释放

数字经济不仅有助于解放旧的生产力，更重要的是能够创造新的生产力。数字技术正广泛应用于现代经济活动中，提高了经济效率，促进了经济结构加速转变，正在成为全球经济复苏的重要驱动力。云计算、物联网、移动互联网、大数据、智能机器人、3D打印、无人驾驶、虚拟现实等信息技术及其创新应用层出不穷、日新月异，并不断催生一大批新产业、新业态、新模式。更为重要的是，这一变化才刚刚开始。

（四）发展数字经济成为我国的战略选择

我国即将步入后工业化阶段，各区域都期望抓住数字新经济兴起的契机。我国政府立足于本国国情和发展阶段，正在实施"网络强国"战略，推进"数字中国"建设，大力推行有关数字经济发展战略。

三、数字经济是引领国家创新战略实施的重要力量

发展数字经济对我国经济的转型升级，以及实现中华民族伟大复兴的中国梦具有重要的现实意义和巨大推动作用，对贯彻落实新发展理念、培育新经济增长点、以创新驱动推进供给侧改革、建设网络强国、构建信息时代国家新优势等都将产生深远影响。

（一）发展数字经济是贯彻五大发展理念的集中体现

数字经济本身就是新技术革命的产物，是一种新的经济形态、新的资源配置方式和新的发展理念，集中体现了创新的内在要求。我国发展数字经济是贯彻"创新、协调、绿色、开放、共享"五大发展理念的集中体现。这是因为，数字经济减少了信息流动障碍，加速了资源要素流动，提高了供需匹配效率，有助于实现经济与社会、物质与精神、城乡之间、区域之间的协调发展；数字经济能够极大地提升资源的利用率，是绿色发展的最佳体现；数字经济的最大特点就是基于互联网，而互联网的特性就是开放共享；数字经济也为落后地区、低收入人群创造了更多参与经济活动、共享发展成果的机会。

（二）发展数字经济是推进供给侧结构性改革的重要抓手

以新一代信息技术与制造技术深度融合为特征的智能制造模式，正在引发新一轮制造业变革，数字化、虚拟化、智能化技术将贯穿产品的全生命周期，柔性化、网络化、个性化生产将成为制造模式的新趋势，全球化、服务化、平台化将成为产业组织的新方式。数字经济也在引领农业现代化，数字农业、智慧农业等农业发展新模式就是数字经济在农业领域的实现与应用。在服务业领域，数字经济的影响与作用已经得到较好体现，电子商务、互联网金融、网络教育、远程医疗、网约车、在线娱乐等已经使人们的生产生活发生了极大改变。

（三）数字经济是推动"大众创业、万众创新"的最佳试验场

现阶段，数字经济最能体现信息技术创新、商业模式创新以及制度创新的要求。数字经济的发展孕育了一大批极具发展潜力的互联网企业，成为激发创新创业的驱动力量。众创、众包、众扶、众筹等分享经济模式本身就是数字经济的重要组成部分。

（四）数字经济是构建信息时代国家竞争新优势的重要先导力量

数字经济的发展在信息革命引发的世界经济版图重构过程中起着至

关重要的作用。信息时代的核心竞争能力将越来越表现为一个国家和地区的数字能力、信息能力、网络能力。实践表明,我国发展数字经济有着自身独特的优势和有利条件,起步很快,势头良好,在多数领域开始形成与先行国家同台竞争、同步领跑的局面,未来在更多的领域存在领先发展的巨大潜力。

第二节　发展数字经济的优势

我国数字经济的不俗表现得益于全球信息革命提供的历史性机遇,得益于新常态下寻求经济增长新动能的强大内生动力,更得益于自身拥有的独特优势。我国发展数字经济的独特优势突出表现在三个方面:网民优势、后发优势和制度优势。

一、网民优势孕育了我国数字经济的巨大潜能

就像我国经济社会快速发展一样,我国网民规模和信息技术发展速度也令人目眩。这促进了世界上最生机勃勃的数字经济的发展。

(一)网民大国红利日渐显现,使得数字经济体量巨大

近几年来,我国的网民规模逐年攀升,互联网普及率稳健增长。正是有了如此庞大的网民数量,才造就了我国数字经济的巨大体量和发展潜力。中国互联网企业在全球的出色表现,表明我国已经成功实现从人口红利向网民红利的转变。

(二)信息技术赋能效应显现,使得数字经济空间无限

近年来,信息基础设施和信息产品迅速普及,信息技术的赋能效应逐步显现,为数字经济带来无限创新空间。以互联网为基础的数字经济,解决了信息不对称的问题,边远地区的人们通过互联网、电子商务就可以了解市场信息,学习新技术新知识,实现创新创业,获得全新的上升通道。基于互联网的分享经济还可以将海量的碎片化闲置资源(如土地、房屋、

产品、劳力、知识、时间、设备、生产能力等)整合起来,满足多样化、个性化的社会需求,使得全社会的资源配置能力和效率都得到大幅提升。当每一个网民的消费能力、供给能力、创新能力都进一步提升并发挥作用,数字经济将迎来真正的春天。

(三)应用创新驱动,使得网民优势有效发挥

当前,数字经济发展已从技术创新驱动向应用创新驱动转变,我国的网民优势就显得格外重要。庞大的网民和手机用户群体,使得我国数字经济在众多领域都可以轻易在全球排名中拔得头筹。一批分享型企业也在迅速崛起,领先企业的成功为数字经济全面发展提供了强大的示范效应。

二、后发优势为数字经济提供了跨越式发展的特殊机遇

信息技术创新具有跳跃式发展的特点,为我国数字经济的跨越式发展提供了机会。

(一)信息基础设施建设实现了跨越式发展

目前,我国信息基础设施基本建成。一是建成了全球最大规模的宽带通信网络。我国固定宽带接入数量覆盖全国所有城市、乡镇以及95%的行政村。二是网络能力得到持续提升。全光网城市由点及面全面推开,城市家庭基本实现100M光纤全覆盖。

(二)信息技术应用正在经历跨越式发展

我国数字经济的发展是在工业化任务没有完成的基础上开始的,工业化尚不成熟降低了数字经济发展的路径依赖与制度锁定。工业化积累的矛盾和问题要用工业化的办法去解决,这十分困难也费时较长,但工业化的诸多痛点遇到数字经济就有了药到病除的妙方,甚至可以点石成金、化腐朽为神奇。我国的网络购物、网络约租车、分享式医疗等很多领域能够实现快速发展,甚至领先于许多发达国家,在很大程度上也是由于这些领域的工业化任务还没有完成,矛盾突出痛点多,迫切需要数字经济发展

提供新的解决方案。在制造业领域,工业机器人、3D打印机等新装备、新技术在以长三角、珠三角等为主的我国制造业核心区域的应用明显加快,大数据、云计算、物联网等新的配套技术和生产方式开始得到大规模应用。多数企业还没有达到工业2.0、工业3.0水平就迎来了以智能制造为核心的工业4.0时代。可以说,数字经济为我国加速完成工业化任务、实现"弯道超车"创造了条件。经过多年努力,我国在芯片设计、移动通信、高性能计算等领域取得了重大突破,部分领域取得了全球领先,并涌现了一批国际领先企业。

(三)农村现代化跨越式发展趋势明显

农村电商的快速发展吸引了大量的农民和大学生返乡创业,人口的回流与聚集也在拉动农村生活服务水平的提升和改善,释放的数字红利为当地发展提供了内生动力。现在,网购、网销在越来越多的农村地区成为常态,网上学习、手机订票、远程医疗服务纷至沓来,农民们开始享受到前所未有的实惠和便利。正是因为有了数字经济的发展,许多农村地区从农业文明一步跨入信息文明,农民的期盼也从"楼上楼下,电灯电话"变成了"屋里屋外,用上宽带"。

(四)信息社会发展为数字经济发展预留了巨大空间

信息社会发展转型期也是信息技术产品及其创新应用的加速扩张期,为数字经济大发展预留了广阔的空间。目前,我国电脑普及率、网民普及率、宽带普及率、智能手机普及率、人均上网时长等发展空间巨大,未来几年仍将保持较快增长。

三、制度优势为数字经济发展提供了强有力保障

我国发展数字经济的制度优势在于强有力的保障、战略规划、政策体系、统筹协调和组织动员,这为数字经济的发展创造了适宜的政策环境,带动整个经济社会向数字经济转变。

(一)组织领导体系基本健全提供了保障

中央网络安全和信息化委员会的成立标志着我国信息化建设真正上

升到了"一把手工程",信息化领导体制也随之基本健全。建设网络强国、发展数字经济已形成全国共识。各级领导和政府部门对信息化的高度重视,为数字经济的发展提供了重要的保障。

(二)信息化引领现代化的战略决策提供了明晰的路线图

《国家信息化发展战略纲要》提出了从现在起到 21 世纪中叶我国信息化发展的三步走战略目标,明确了在提升能力、提高水平、完善环境方面的三大类 56 项重点任务。确切地说,国家信息化发展战略决策为数字经济发展提供了明晰的路线图。

(三)制定了较为完整的政策体系

在过去的几年时间里,我国围绕信息化和数字经济发展密集出台了一系列政策文件,包括"互联网＋"行动、宽带中国、中国制造 2025、大数据战略、信息消费、电子商务、智慧城市、创新发展战略等。各部门、各地区也纷纷制定出台了相应的行动计划和保障政策。我国信息化政策体系在全球也可以称得上是最健全的,也体现出国家对发展数字经济的决心之大、信心之足和期望之高。更为重要的是,我国制度优势有利于凝聚全国共识,使政策迅速落地生根,形成自上而下与自下而上推动数字经济发展的大国合力。

第三节 数字经济引领创新战略

我国数字经济已经扬帆起航,正在引领经济增长从低起点高速追赶走向高水平稳健超越,供给结构从中低端增量扩能走向中高端供给优化,动力引擎从密集的要素投入走向持续的创新驱动,技术产业从模仿式跟跑并跑走向自主型并跑领跑全面转型,为最终实现经济发展方式的根本性转变提供了强大的引擎。

一、高速泛在的信息基础设施基本形成

无时不在、无处不在的电脑网络是支撑数字经济的关键。目前,我国

无论是宽带用户规模、固定宽带网速,还是网络能力等信息基础设施基本形成,达到了连接网络的普及、服务享受的普及等。

二、数字经济在生产生活各个领域全面渗透

针对当前的经济结构调整和产业转型升级趋势,我国数字经济也发挥着积极的推动作用。目前,工业云服务、大企业双创、企业互联网化、智能制造等领域的新模式、新业态正不断涌现。

(一)数字经济正在引领传统产业转型升级

《国务院关于积极推进"互联网＋"行动的指导意见》明确了"互联网＋"的11个重点行动领域:创业创新、协同制造、现代农业、智慧能源、普惠金融、益民服务、高效物流、电子商务、便捷交通、绿色生态、人工智能。数字经济引领传统产业转型升级的步伐开始加快。以制造业为例,工业机器人、3D打印机等新装备、新技术在以长三角、珠三角等为主的我国制造业核心区域的应用明显加快,大数据、云计算、物联网等新的配套技术和生产方式开始得到大规模应用,我国制造以领先技术和全球视野打造国际品牌,已稳步进入全球产业链的中高端。

(二)数字经济开始融入城乡居民生活

根据中国共联网络信息中心(China Internet Network Information Center,CNNIC)报告,网络环境的逐步完善和手机上网的迅速普及,使得移动互联网应用的需求不断被激发。基础应用、商务交易、网络金融、网络娱乐、公共服务等个人应用发展日益丰富,其中手机网上支付增长尤为迅速。各类互联网公共服务类应用均实现用户规模增长。互联网的普惠、便捷、共享等特性,已经渗透公共服务领域,也为加快提升公共服务水平、有效促进民生改善与社会和谐提供了有力保障。

(三)数字经济正在变革治理体系

数字经济带来的新产业、新业态、新模式,使得传统监管制度与产业政策遗留的老问题更加突出,发展过程中出现的新问题更加不容忽视。

一方面,数字经济发展促进了政府部门加快改革不适应实践发展要求的市场监管、产业政策,如推动"放管服"改革、完善商事制度、降低准入门槛、建立市场清单制度、健全事中事后监管、建立"一号一窗一网"公共服务机制,为数字经济发展营造良好的环境。另一方面,数字经济发展也在推进监管体系的创新与完善,如制定网约车新政、加快推进电子商务立法、规范互联网金融发展、推动社会信用管理等。当然,数字经济也为政府运用大数据、云计算等信息技术提升政府监管水平与服务能力创造了条件和工具。

三、数字经济推动新业态与新模式不断涌现

我国数字经济的后发优势强劲,快速发展的互联网和正在转型升级的传统产业相结合,将会迸发出巨大的发展潜力,新业态与新模式不断涌现。

(一)我国在多个领域已加入全球数字经济领跑者行列

近年来,我国在电子商务、电子信息产品制造等诸多领域取得"单打冠军"的突出成绩,一批信息技术企业和互联网企业进入世界前列。我国按需交通服务已成全球领导者,年化按需交通服务次数达40亿次以上,在全球市场所占份额为70%。

(二)我国分享经济正在成为全球数字经济发展排头兵

近年来,我国分享经济快速成长,创新创业蓬勃兴起,本土企业创新凸显,各领域发展动力强劲,具有很大的发展潜力。我国分享经济市场主要集中在金融、生活服务、交通出行、生产能力、知识技能、房屋短租等六大领域。分享经济领域参与提供服务者约5000万人左右(其中平台型企业员工数约500万人),约占劳动人口总数的5.5%,参与分享经济活动的总人数已经超过5亿人。

四、我国数字经济未来的发展

未来,我国信息基础设施体系将更加完善,数字经济将全方位影响经

济社会发展,数字经济市场将逐渐从新兴走向成熟,创新和精细化运营成为新方向,数字经济总量仍将保持较快的发展。

(一)国家信息基础设施体系将更加完善

《国家信息化发展战略纲要》提出,固定宽带家庭普及率要达到中等发达国家水平,4G/5G 网络覆盖城乡,技术研发与标准取得突破性进展。互联网国际出口带宽达到每秒 20 太比特(Tbps),支撑"一带一路"建设实施,与周边国家实现网络互联、信息互通,建成中国—东盟信息港,初步建成网上丝绸之路,信息通信技术、产品和互联网服务的国际竞争力明显增强,移动互联网连接规模超过 100 亿个,占全球总连接的比例超过20%,"万物互联"的时代开始到来。到 2025 年,新一代信息通信技术将得到及时应用,固定宽带家庭普及率接近国际先进水平,建成国际领先的移动通信网络,实现宽带网络无缝覆盖,互联网国际出口带宽达到每秒48 太比特(Tbps),建成四大国际信息通道,连接太平洋、中东欧、西非北非、东南亚、中亚、印巴缅俄等国家和地区;到 21 世纪中叶,泛在先进的信息基础设施为数字经济发展奠定坚实的基础,陆地、海洋、天空、太空立体覆盖的国家信息基础设施体系基本完善,人们通过网络了解世界、掌握信息、摆脱贫困、改善生活、享有幸福。

(二)经济发展的数字化转型成为重点

以信息技术为代表的技术群体性突破是构建现代技术产业体系、引领经济数字化转型的动力源泉,先进的信息生产力将推动我国经济向形态更高级、分工更优化、结构更合理的数字经济阶段演进。按照国家信息化发展战略要求,核心关键技术部分领域将达到国际先进水平,重点行业数字化、网络化、智能化取得明显进展,网络化协同创新体系全面形成,以新产品、新产业、新业态为代表的数字经济供给体系基本形成;信息消费总额将达到 6 万亿元,电子商务交易规模达到 38 万亿元,信息产业国际竞争力大幅提升,制造业大国地位进一步巩固,制造业信息化水平大幅提升,农业信息化水平明显提升,部分地区率先基本实现现代化。到 2025

年,根本改变核心关键技术受制于人的局面,形成安全可控的信息技术产业体系,涌现一批具有强大国际竞争力的数字经济企业与产业集群,数字经济进一步发展壮大,数字经济与传统产业深度融合;信息消费总额达到12万亿元,电子商务交易规模达到67万亿元;制造业整体素质大幅提升,创新能力显著增强,工业化与信息化融合迈上新台阶;信息化改造传统农业取得重大突破,大部分地区基本实现农业现代化。预计到2025年我国互联网将促进劳动生产率提升7%~22%,对GDP增长的贡献率将达到3.2%~11.4%,平均为7.3%。到21世纪中叶,国家信息优势越来越突出,数字红利得到充分释放,经济发展方式顺利完成数字化转型,先进的信息生产力基本形成,数字经济成为主要的经济形态。

第三章 产业集群理论及经济促进分析

第一节 产业集群及其升级的理论分析

中西方学者对于产业集群及其升级进行了大量的研究,并形成了一些比较成熟的理论,对这些理论进行梳理,有助于加深我们对中国产业集群相关问题的认知与理解,可以为找出我国产业集群的发展规律提供必要的理论指导,并为找寻最适合我国产业集群发展与升级的路径提供思路。

一、产业集群的形成机理理论

(一)马歇尔的产业区理论

马歇尔(Alfred Marshall)是最早关注产业集聚现象的西方学者,1890年,他对当时英国谢菲尔德市的刀具工业和西约克郡的各种毛纺织区进行研究,将这些工业集聚的地方称为"产业区",这些产业区内集聚了大量相关的中小企业,这些中小企业之所以会自发进行地理集中,是因为其能够获得外部规模经济,获取中小企业无法单独获取的规模经济效益。也就是说,外部规模经济会使产业区逐渐形成。马歇尔认为,产业区有三个方面的优势:

首先,产业集聚能够降低运输费用和交易成本。大量工业企业在地理上的集中完全可以提供一个足够大的市场,使各种各样的专业化供应商得以生存。同时,工业企业在地理上的集中能为拥有高度专业化技术的工人形成提供一个较为完善的劳动力市场。更为重要的是,当同行业中的很多企业集中在一个地区时,企业间能够共享思想,产业集群就成为思想更新的源泉①。也就是说,产业区在形成集群后,能够使知识、技术、信息相互传播共享,营造一种协同创新的氛围,能够产生知识溢出,使创新不断进行,而创新则使产业区形成可持续竞争优势②。

其次,集聚能够产生专业化经济。为避免相互之间的竞争,企业在集聚后自发进行分工,会专注于某一产品或产品的某项工序或零件。因此,产业区能够在不影响生产效率的情况下以不同方式生产最终产品,同时也能因为分工的专业化而从规模经济中获得收益。

最后,同一产业在不同区域的专业化,能够刺激新的企业家精神以及外部经济形成,能够将企业融入地方生产系统并与之相互依赖,地方生产系统也能够为产业区提供必要的市场机会。

马歇尔特别强调产业区与地方社会的不可分割性,他认为,地方社会所形成的社会规范和价值观对产业区的创新和经济协调起着重要作用③。

(二)韦伯的工业区位论

区位(Location)是经济地理学的重要概念,往往特指产业、企业、设施等在经济格局中的空间位置④。德国经济学家阿尔弗雷德·韦伯于1909年提出了工业区位论的基本理论,又于1914年对工业区位问题和资本主义国家人口集聚进行了综合分析,建立了完整的工业区位理论体系。

---

① 马歇尔.经济学原理[M].北京:商务印书馆,1964.

② 贾文艺,唐德善.产业集群理论概述[J].技术经济与管理研究,2009(6):125—128.

③ 苗长虹.马歇尔产业区理论的复兴及其理论意义[J].地域研究与开发,2004(2):1—6.

④ 王铮.理论经济地理学[M].北京:科学出版社,2002:39—75.

工业区位理论的核心思想,即区位因子会将企业吸引到生产成本最低的地点,从而决定企业的生产场所,也就是决定了工业企业的区位。韦伯经过反复推导,确定了三个一般区位因子:运费、劳动费、集聚和分散,并分三个阶段来论证其理论。

1. 第一阶段:运费指向

假定工业生产引向最有利的运费地点,就是由运费的第一个地方区位因子勾画出各地区基础工业的区位网络。

在生产过程中,假设有两个原料地,而且与消费地不在一起,三者形成一个三角形,然后采用力学方法"范力农构架"(Varignnon Frame)(见图 3-1)求解运费最小点,即求解区位三角形的工厂区位 P 点的坐标。

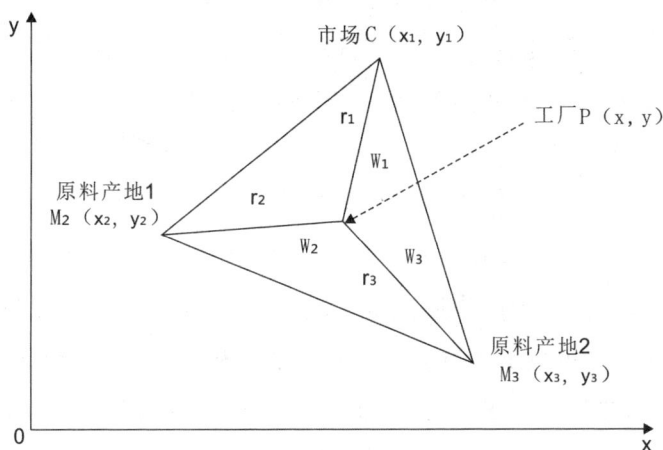

图 3-1　区位范力农架构

韦伯假定运费只和物品重量及运输的距离有关,那么总运送费可由公式来表示:

$$k = \sum_{i=1}^{n} a_i r_i = \sum_{i=1}^{n} a_i \sqrt{(x-x_i)^2 + (y-y_i)^2}$$

求该公式的最小值需要满足以下方程组:

$$\begin{cases} \dfrac{\partial k}{\partial x} = \sum_{i=1}^{n} \dfrac{a_i}{r_i}(x-x_i) = 0 \\ \dfrac{\partial k}{\partial y} = \sum_{i=1}^{n} \dfrac{a_i}{r_i}(y-y_i) = 0 \end{cases}$$

这样就可以得出总运输费用最小时区位点 P 的具体位置。

2. 第 2 阶段:劳动成本偏向

韦伯认为,劳动力成本会使企业区位产生偏离,使工业企业有可能从运费最低点偏向劳动费最低点,他将劳动费用定义为单位产品所耗费的工资。

韦伯认为,劳动费用只影响企业区位偏离的可能性的大小,为此,他又提出了"劳动系数"的概念来表示劳动费用使企业区位偏离的吸引力大小。

劳动系数＝劳动费用/区位重量

劳动系数越高,工业企业就会更加偏向劳动力廉价地,而劳动力密集的地区也往往更廉价。由于劳动力密度与人口密度密切相关,劳动系数与人口密度相关,因此,在人口密度低的地区,工业企业区位倾向于运费低的地点,而在人口密度高的地区,工业企业则倾向于劳动费用低的地点。

3. 第 3 阶段:集聚区位

韦伯认为,工业企业在空间上的集中会产生的特殊"利益",这能降低生产或销售成本。集聚的作用一是"大规模生产的利益",二是集聚企业间的协作、分工及共同利用基础设施所带来的利益。

韦伯进一步研究了集聚所带来的利益对运费指向区位或劳动费用指向区位的影响[1]。

如图 3-2 所示,假设有五个企业 A、B、C、D、E,如果不考虑集聚利益,其费用最低点在各三角形内的圆点,再假设由于集聚产生的利益为 2 个单位,以 2 个单位利益为半径画出五个圆形等成本线。圆与圆相交的阴影即企业可能集聚的区位,而 C、D、E 三家企业最有可能集聚在阴影区 P。

---

① 魏后凯.现代区域经济学[M].北京:经济管理出版社,2006.

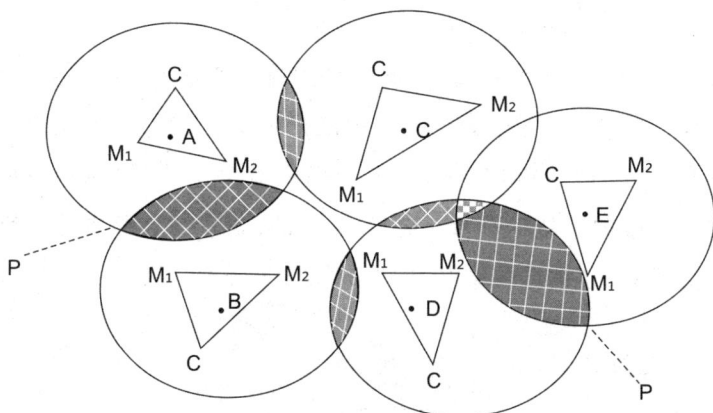

图 3-2　集聚指向的图解

注:阴影部分表示集聚可能区域。

韦伯的工业区位论的最大贡献之一是最小费用区位原则,之后的很多学者仍然认同这一经典法则,而且他的理论不仅限于工业布局,对其他产业也有指导意义。当然,交通发展使得产品价格中的运输成本所占比重越来越小,现代企业更关注能快速、安全地将产品运至市场,其他很多因素也会影响工业企业的区位选择。

(三)克鲁格曼新经济地理学理论

由于传统的产业经济理论不考虑空间问题,对生产要素的空间转移成本予以忽略,不符合现实情况,1991 年,克鲁格曼(Paul Krugman)发表《收益递增与经济地理》一文,以规模报酬递增及不完全竞争市场为假设前提,提出其最有代表性的"核心—周边"模型,论证了产业集聚是规模报酬递增的外在表现形式,这也成为新经济地理学的理论基石。报酬递增不仅可以用来解释产业在空间的集聚,还可以分析人、资金在空间的集聚现象。

新经济地理学还论证了区域的长期增长与空间集聚的关系,通过规模报酬递增规律及与之相应的集聚或扩散模型的分析,新经济地理学将区域发展或优势的产生归因于集聚力量的持续与积累,即克鲁格曼所提出的"路径依赖"和"历史事件"。

(四)波特产业集群理论

随着经济全球化趋势的发展,国际分工日益明显,产业开始在全球范围内进行分工与合作,也开始在国际逐渐形成集群优势。迈克尔·波特(Michael Porter)于 1990 年提出了形成国家竞争优势的"钻石模型",将产业集群理论推向了新的高峰。他认为,国家竞争优势形成的关键在于优势产业的建立。"钻石模型"的构架如图 3-3 所示。

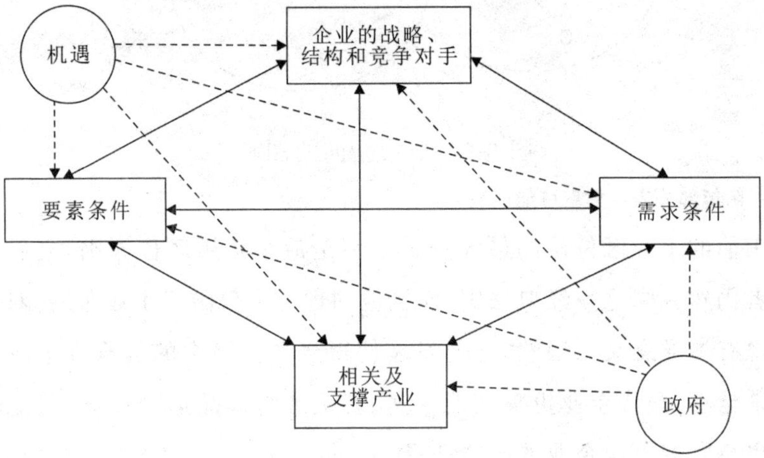

图 3-3　波特钻石模型

1.要素条件

波特将生产要素划分为初级和高级两大类,初级生产要素包括自然资源、气候、地理区位、普通工人、资金等;高级生产要素则包括通信、信息、交通等现代化的基础设施,以及高级人才、研究机构等。波特认为,技术进步使初级生产要素的需求减少,跨国公司很容易通过全球网络得到初级生产要素,而高级生产要素很难从企业外部获得,只能由企业自己投资培养获得。

一个国家或者产业如果想通过生产要素来形成竞争优势,就必须发展高级生产要素,如果把竞争优势建立在初级生产要素的基础上,这种优势通常不稳定。

2.国内市场需求

这是产业发展的原动力,国外竞争对手很难及时发现国内市场的需求变化并做出相应反应,而国内企业对此则具有天然的优势,因此,国内市场在全球性的竞争中依然重要。尤其是当本地顾客对产品或服务特别挑剔时,这就更加能激发出该国企业的竞争优势①。例如:日本消费者在汽车产品上的挑剔程度全球出名,这就使得日本汽车产业竞争能力越来越强;欧洲消费者对环保的高要求也使欧洲企业生产的汽车的环保节能性能处于全球一流水平。

3. 相关及支撑产业

优势产业不会单独存在,它一定是同国内相关产业或支撑产业一同崛起,形成产业集群。优势产业的相关及支撑产业对形成国家竞争优势起着重要作用。例如:德国、日本汽车工业的竞争优势与其钢铁、机械、化工、零部件等产业的支撑是分不开的。当然,优势产业也往往能带动相关产业或支撑产业竞争力的提升。

4. 企业战略、结构和竞争对手

推动企业跨国发展的动力可能来自本地竞争压力,或本地市场需求减少的推动力,也可能来自国际市场需求的拉动。其中,最重要的因素是国内市场有比较强大的竞争对手,这种激烈竞争迫使其改进和创新,这是企业获得竞争优势的必经之路,进入海外市场则是其提升竞争力后的正常发展道路。

5. 机会

机会往往是企业的外部环境突然发生重大变化,这种变化对所有企业都可能是机遇,也可能是威胁。因此,如果有些企业能适应环境的变化,就能获得竞争优势,而不能适应环境变化的企业则会丧失优势。企业机会的产生情形可能有:生产成本突然提高,金融市场重大变化,政府颁布重大政策法规,传统技术面临淘汰,新技术被发明出来,市场需求急剧变化等②。

---

① 夏芳,吴灿.根据"钻石体系"对我国汽车产业的分析[J].武汉冶金管理干部学院学报,2005(4):8—10.

② 夏芳,吴灿.根据"钻石体系"对我国汽车产业的分析[J].武汉冶金管理干部学院学报,2005(4):8—10.

6.政府

虽然竞争是在企业间进行,竞争形成的优势也最终由企业获得。政府仍然需要提供给企业发展过程中所需要的公共资源,例如:发展基础设施、开放资本渠道等。政府营造产业发展的良好环境,保证国内市场处于公平的竞争状态,避免出现垄断及不正当竞争现象。

"钻石模型"不是静态的,而是一个动态的系统,企业发展所需要的环境需要六个要素都积极参与,才能提高企业的创新能力与竞争力,进而提升整个产业的竞争力[①]。

(五)全球价值链与微笑曲线

全球价值链理论为产业集群升级提供了理论依据及方向。全球价值链可分为三大环节:技术环节、生产环节、销售环节(见图3-4)。由于这三个环节从附加值来看呈现由高向低,再由低向高的 U 形状,学者根据其形状将其命名为"微笑曲线"。

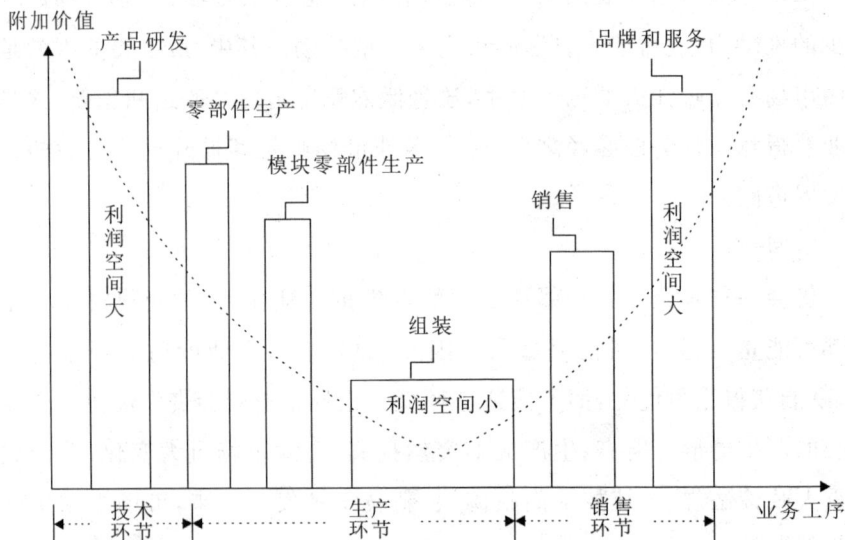

图 3-4　全球价值链与微笑曲线

价值链不同环节所创造的附加值是不同的,获得的经济数量也是不

---

① 贾文艺,唐德善.产业集群理论概述[J].技术经济与管理研究,2009(6):125—128.

一样的。"微笑曲线"中间的环节,如零部件、加工制造、装配等环节在价值链中创造的附加值较低,而"微笑曲线"两端的环节,如研发、设计、市场营销、品牌、服务等能创造出较高的附加值。由于全球分工逐渐深化,为了追求更高的附加值,各国都在力求使自己在全球价值链的位置往两端发展。

尽管全球价值链是由分布在世界各地的一个个价值环节组成的,各地的产业集群可以成为全球价值链在空间分布上的一个节点,但这并非意味着所有的产业集群与生俱来就是全球价值链中的一部分,实际上,产业集群还需要通过一定的方式才能嵌入全球价值链中。

2001 年,Humphrey 和 Schimitz 根据主导公司对价值链控制的程度,把全球价值链治理模式分为四类:

第一,网络嵌入(Networks):产业集群内企业因具有互补优势而嵌入,各企业处于平等地位,在全球价值链上各重要环节进行分工,分享各自的核心能力,也经常通过非价格机制对一些活动展开协调。

第二,准科层嵌入(Quasi-hierarchy):在全球价值链中,某个企业凭借自身优势成为主导者,其他企业则处于从属地位。例如:产业集群内某些企业通过 OEM(Original Equipment Manufacturing,俗称代工生产或贴牌生产)方式嵌入全球价值链,这些企业即处于从属地位;也有些企业通过 ODM(Own Design and Manufacturing,即自主设计和加工)方式嵌入,其处于主导地位。

第三,科层嵌入(Hierarchy):全球价值链上的企业是控制与被控制的关系,主导企业通过开设分支机构、并购或股权控制等方式,将其他企业纳入全球价值链。

第四,市场嵌入(Market-type):处于全球价值链上的任何企业之间不存在从属、控制等关系,而是通过相互贸易的形式嵌入全球价值链,它们之间纯粹是一种贸易关系[①]。

在此基础上,Gereffi、Humphrey 和 Sturgeon 于 2003 年根据市场交易的复杂程度、交易能力、供应能力,将全球价值链的治理模式细分为五

---

① 蒋海峰.全球价值链治理与企业升级研究[D].成都:西南财经大学,2011.

种(见表 3-1)。

表 3-1　全球价值链治理模式及特点

价值链治理模式	交易复杂程度	交易能力	供应能力
市场型	低	高	高
模块型	高	高	高
关系型	高	低	高
领导型	高	高	低
层级型	高	低	低

这五种治理模式的运作模式如图 3-5 所示。

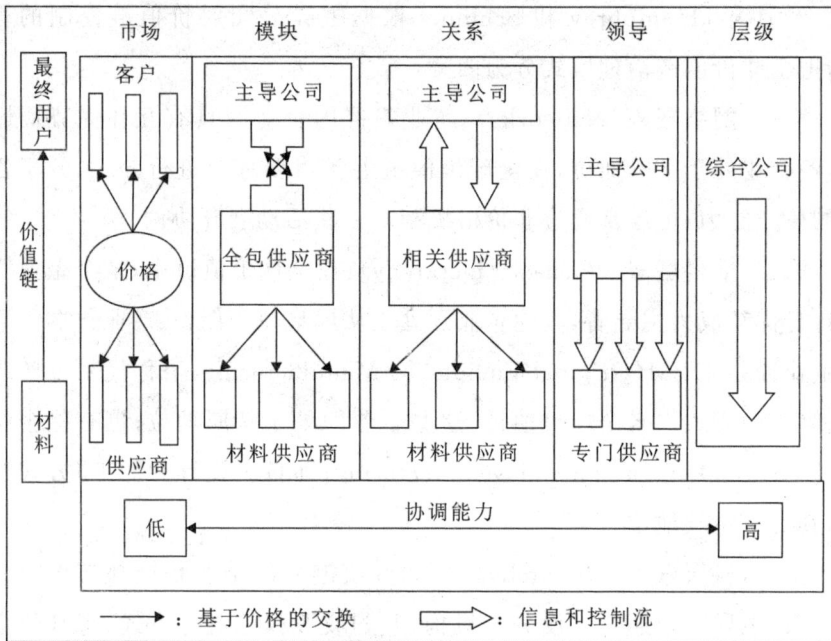

图 3-5　五种全球价值链治理模式

这五种全球治理模式不是静态的,在特定时间或地点,也可能从一种模式转换为另一种模式。

二、产业集群的分类理论

(一)按照主体间关系分类

多数学者在研究产业集群分类的时候,从主体之间的关系入手对产业集群的类别进行划分。

马库森(Markusen)研究了美国、日本、韩国、巴西这四个国家的产业集群情况,划分了马歇尔式产业集群、轮轴式产业集群、卫星平台式产业集群和国家力量依赖型产业区四种产业集群。

后来,Park 和 Markusen(1994)对产业区的类型进行了研究,考虑厂商之间的关系和相对规模,将产业集群分为三类(见图3-6)。

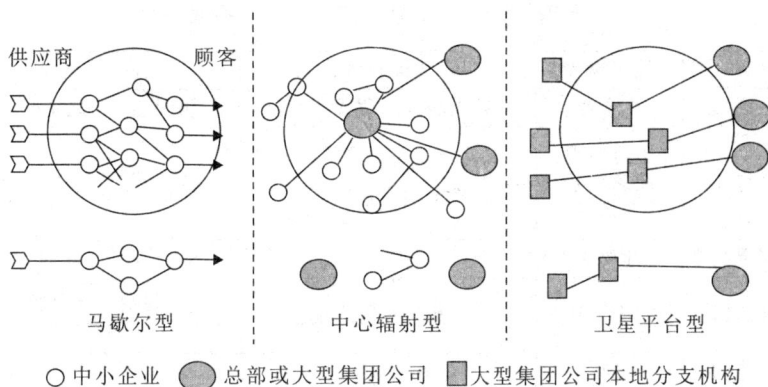

图 3-6 按主体关系对产业集群分类

马歇尔式产业集群一般是由本地的中小企业组成,这些中小企业以一种松散的网络连接成为集群,我国很多的劳动密集型产业集群(例如:江浙一带的服装、鞋帽等产业集群)一般以这种集群形态存在。中心辐射型产业集群一般是诸多中小企业围绕一个大企业或多个大型集团公司形成,例如:我国宜宾、茅台镇酒类产业集群就是以这种形态存在。卫星平台型产业集群一般是由政府政策引导所形成,产业集群内大多数是外地大型集团公司的分部,其关键技术与投资决策都是在集群外部形成,集群内各企业之间几乎没有网络关联,例如:苏州工业园、郑州航空港区等。

(二)从集群的功能角度分类

Gordon 和 McCann 于 2000 年按照产业集群的功能将产业集群划分为三种模式:纯集聚式产业集群、产业综合体式产业集群以及社会网络式产业集群。其中,社会网络式是新出现的产业集群模式,学术界通常称之为新产业集群。

三种模式的基本特征如表 3-2 所示。纯集聚式产业集群一般是由多家地理位置接近的企业组合而成的集聚体,相互之间缺乏联系;产业综合体式产业集群一般拥有一个或多个大企业,这些大企业在集群发展上起着支配或主导作用,竞争和创新能力较强;社会网络式集群与产业综合体模式刚好相反,是由专业化中小企业起主导作用,这些中小企业通过市场网络联结起来。

表 3-2　三种产业集群的基本特征

分类	纯集聚式	产业综合体式	社会网络式
企业规模	小企业	几家大企业与很多小企业	中小企业、规模变化
关系特征	不可识别 缺乏联系 不稳定	可识别 稳定的商业联系	相互可信 相互忠诚
成员固定程度	开放的	封闭的	部分开放的
对区域的影响	租金上涨	对租金没有影响	对租金有部分影响 资本化
空间范围	城市	地方而非城市	地方而非城市

(三)按照主导力量分类

Guerrieri 和 Pietrobelli 于 2004 年从产业集群发展的主导力量分析,将产业集群分为政府主导型和全球生产网络型两种。

政府主导型产业集群是指围绕某个主体或政府主导所形成的产业集群,例如:高科技产业园区和研发中心聚集地。

全球生产网络型集群是充分利用全球的知识资源和市场,充分利用当地的文化、资源特性,全球配置资源而形成的产业集群。

(四)按照形成发展的动力分类

按照形成发展的动力,可将产业集群分为偶然因素、资源禀赋和专业化溢出三类集群。

David(1985)、Farrell 和 Saloner(1985)、Arthur(1989)、Krugman(1991)以及 Porter(1998)都提出偶然事件在产业集群最初形成中的重要性,偶然性事件可能导致某个行业在某个地区突然形成,并在产业集群的后期发展过程中也起到关键作用。对于某个行业在某个地区出现的第一家企业,该地区有利于该行业发展的环境等客观原因无法解释,只能用企业家精神或创业精神进行解释。

偶然因素虽然是产业集群产生的最初条件,但并不能保证有了偶然性就一定会生成产业集群,产业集群更多的是靠外在条件的变化。例如:市场需求的突然增加、新技术的出现形成的强大冲击、产业结构模式的调整、宏观政策的调整等。

专业化溢出产业集群则是由于示范效应、学习效应等产生。外来直接投资也是很多产业集群形成的重要原因,尤其是在发展中国家,对外来投资有鼓励性政策,会开辟一个地方提供廉价的土地、健全的基础设施以及其他优惠政策,加上先期投资建设的企业的示范和带动作用,一些相关联的其他企业也逐渐入驻,集群逐渐产生。

(五)按照发展阶段划分

1998年,联合国大学的林·米特卡(Lynn Mytelka)根据产业集群的不同发展阶段,将其划分为非正式集群、有组织的集群、创新型集群三种,这三种产业集群的特征见表3-3。

表3-3 米特卡产业集群特征

分类	非正式集群	有组织的集群	创新型集群
企业规模	小企业、个体户	中小企业	中小企业和大企业
相互信任	不信任	信任	信任
技术	较低	中	较高
相互关联	联系较少	有些联系	广泛联系
相互合作	几乎没有	有些,但不持续	较多而且持续
相互竞争程度	高	高	中到高
产品创新	几乎没有	有些,但不持续	较多而且持续
对外出口	几乎没有	中到高	高

上述三种产业集群中,创新型集群的发展水平最高,这种产业集群大多分布在发达国家,也是发展中国家需要重点培育形成的产业集群。

在米特卡分类的基础上,联合国经济合作与发展组织又增加了两种集群类型,即科技园区和孵化器及出口加工区。实际上,科技园区和孵化器类似于创新型产业集群,而出口加工区则类似于有组织的集群。

(六)按照产业或产品分类

根据集群内的主要产业分类或者主要产品来划分是一种比较简单也比较实用的分类,例如:陶瓷产业集群、汽车产业集群、电子产品产业集群、木材加工产业集群、有色金属产业集群、纺织产业集群、食品产业集群等,这种产业集群的分类方法最为常用,也为产业集群的实证工作奠定了基础。

(七)按照形成因素分类

产业集群是由多种因素综合发挥作用而发展形成的。按形成因素的作用大小归纳分类为传统产业型、资源开发型、政府规划型、大企业带动型、科技驱动型、市场带动型、自发成长型、能人带动型八种类型。

三、产业集群升级的基本理论

(一)产业集群面临的风险

作为产生区域竞争优势的一种复杂经济网络组织,产业集群也会经历形成、发展和衰落三个阶段,这就意味着产业集群也面临着诸多的风险,如果不及时规避及防范这些风险,产业集群将走向老化与衰亡,甚至阻碍区域经济的发展。国内外学者,例如:庞德尔和圣约翰、福尔塔、波特、吴晓波、蔡宁等人,从集群动态演变、内部发展及外部威胁三个角度深入研究了产业集群发展过程中存在的风险[①]。

1.结构性风险

结构性风险是指集群内部既有的产品生产模式及分工体制不能适应不断变化的外部生产模式,导致集群内部原有的产品簇或产业衰退,进而引发整个集群衰败的风险。结构性风险与产业集群生命周期息息相关。萌芽阶段,集群基于共享的信息网络、基础设施,分工协作所产生的外部

---

① 刘珂.产业集群升级的机理及路径研究[D].天津:天津大学,2007.

经济逐渐明显;成长阶段,集群效应更加突出,增长率高的某些优势产业在整个区域经济发展中的作用更加明显,可能导致集群内部创新动力不足,将资源集中于主导产业及产品簇并忽视相关配套产业的发展;成熟阶段,主导产业的产品生产及流程标准化,企业过分追求规模效益可能导致集群内部产能过剩、竞争加剧、利润下滑,引发企业为降低成本,影响产品质量和集群声誉;衰退阶段,集群中企业大量地退出并开始萎缩,当缩小到不足以激励创新时,区域将缺乏竞争优势而走向衰落。由此可见,产业集群发展过程中面临着因为资源分配问题而导致集群内产业结构失衡并丧失竞争优势进而衰落的风险。

2. 周期性风险

作为产业集群走向衰落的诱导因素,这一风险可能出现在集群生命周期的任何时期,其不能人为控制、突发、外部经济周期性波动影响大等特性,将导致集群内部产业结构及配套服务机构发展的不稳定性,甚至引发集群走向衰退。结合我国经济体制的特性,产业集群主要受到国际、国内经济周期性震荡、政策体制的影响,导致集群内不同的产业受到不同程度的影响,直接冲击集群内主导产业或导致产业结构失衡,很可能造成集群竞争优势丧失、产品滞销,区域品牌价值下降,进一步加快集群衰退的步伐。集群内产业之间的关联程度越高,区域内产业集群所受到的周期性风险的影响越大,通过分散化、均衡式地发展集群产业,能够分散并规避周期性风险。

3. 网络性风险

社会经济网络的特性决定了产业集群内部产业与产业之间、产业与服务机构之间存在特定共享的基础设施、资源、技术及社会政治文化环境,这进一步决定了产业集群内各相关利益组织之间需要相互协作、共同进步并实现区域经济可持续发展。然而,正是这种共享资源与共同发展的机制,可能导致集群出现"区域锁定",包括技术锁定、价值链锁定及市场锁定等。例如:在共同的集群文化影响下,集群内某些企业致力自我保护和自我增强,导致集群僵化并失去弹性,进而引发集群对网络创新性不高,网络结构的额外成本(不完全契约、道德风险等)升高,与非集群竞争对手相比竞争优势不足,最终导致区域集群的衰退与灭亡。

4.自稳性风险

共享性资源在加强产业集群竞争优势的同时,也导致集群出现集群自稳性风险,即资源专用性风险、战略趋同风险、封闭自守风险、创新惰性风险。例如:集群内部知识与技能的外部溢出效应,引发企业享受外部经济效益而怠于创新,导致集群出现"技术锁定",企业可能不愿花费生产效率更高的新技术成本,对过时的生产工艺墨守成规。企业可能不愿放弃与现存技术连为一体的聚集经济利益,而边缘区域可能由于具有新技术、新工艺而获得新的竞争优势,取代核心区域,导致原区域产业集群的衰退。

(二)产业集群升级

产业集群升级是一种促进区位发展、技术升级、价值链升级、工艺流程升级的主要组织形式,要求产业集群从根本上完善自身,形成良性发展,以形成可持续竞争优势,并以此规避产业集群在发展过程中面临的诸多风险。

理解产业集群升级,首先需明晰产业升级的内涵。产业升级是指在一定区域内,通过引进创新与科学管理,加快技术升级的步伐,按照产业结构演变的内在规律实现产业结构合理化和高级化,按照产业发展的内在需求提高产业素质和效率的过程,主要包括产品升级、流程升级、功能升级和链的升级。

因此,结合上述相关概念,产业集群升级是指在一定环境与资源条件下为促进区域产业经济发展,产业集群利用自身的优势在推进产业升级的同时,通过增强内部集群主体的联系、完善内部信用机制、构建学习型组织等手段来完善优化集群内部产业网络,并通过产业的产品升级、工艺流程升级、功能升级和价值链的升级以及推进区位升级创建集群品牌来实现集群在全球价值链中的战略性环节,从而提升集群附加值的活动。

产业集群升级的内涵应包括以下五项内容:

第一,在兼顾经济发展与环境保护的基础上,实现整体生产、创新效率的提高与附加值的增加是产业集群升级的根本目标。

第二,集群经营方式的转变,产业结构合理化与高级化发展的需要,要求改变集群以增加要素投入、追求规模扩张的粗放经营方式,转向依靠技术进步和产品创新,提升集群质量和品牌效应的集约经营方式。

第三,产业升级与区位升级并举,创建集群品牌。首先,技术的升级能够推进产品、功能、工艺流程及价值链的升级进而推进集群的升级,技术升级、产业升级对区域内的基础设施、技术创新和服务机构、生态环境、人文环境等有新的要求,表明产业集群升级涵盖了产业和区位的升级;其次,集群品牌包含区域特性、产业特性和品牌特性三个要素,区位升级为集群带来口碑效应,产业升级为集群品牌的形成提供了基础保障。

第四,完善集群内部产业网络,加强集群内产业、服务机构及政府的协作关系,完善信用机制,培养浓厚的学习氛围,促进区域形成创新体系,产生知识溢出效应。

第五,实现创新系统和社会资本的升级,促进集群产业从低端的加工制造环节向高端的专利技术、研发设计、品牌运作等高端环节延伸,给产业集群在正确的时机、路径和方式提供保障,提升集群在全球价值链上的附加值。

(三)产业集群升级模式

从全球价值链的角度来看,产业集群升级的内容主要有创新能力、技术能力、社会资本、外部关联和创新系统五个方面,具体表现在设计、生产、品牌构建及销售等环节中。基于此,Humphrey、Schmitz 以及 Kaplinsky、Morris 等人提出产业集群升级可以包括工艺流程升级、产品升级、功能升级及价值链升级四种模式,具体如表3-4所示。

表 3-4　产业集群升级的一般模式

升级模式	主要内容
工艺流程升级	通过引进先进的技术及管理方法,重新组织生产流程,通过高效率和规模经济效益来保持产业集群的竞争优势
产品升级	通过新材料研发及工艺流程改进,从产品的性能、实用性及新功能等方面推出新的产品,以产品领先来积累资本,构建集群品牌,获取集群竞争优势
功能升级	通过加强集群内部主体之间的联系,产生知识溢出效应,获得价值链上附加值更大的环节,例如:从生产环节转向设计和营销等利润丰厚的环节
价值链升级	集群内的企业移向新的价值链,凭借在一个产业获得的技能跨越至另一个价值链更高的新产业

从表 3-4 可以看出,Humphrey 等人对产业集群升级的研究仅限于地方性产业升级带动产业集群升级的一般模式,这是其不足之处。产业集群是一种中间性组织,介于市场与企业组织之间,同时又具备了二者的优点,但是在外部环境的动态变化中导致集群技术锁定、价值锁定的闭锁状态,导致集群的衰落。

根据我国产业经济发展的实际情况,区位升级与产业网络的完善对于产业集群升级来说也是必不可少的。因此,对于我国产业集群来说,其升级的基本模式是:①区位升级,包括加强区域内硬件设施建设(如基础设施、技术创新及服务机构、生态环境建设),完善制度、文化、信用等软件机制;②增强集群内主体与区域环境的有效联系,培育产业、服务机构、区域环境之间的关系网络,向依靠科技进步与创新、追求质量提高和品牌效应的集约经营方式转变;③通过信任机制、制度文化机制的构建,提升集群内机会识别、技术创新、网络能力及整合能力,实现产业的升级。这三种升级的模式之间相互作用,能够促进产业集群的技术能力、创新能力、社会资本和外向关联四个方面同时升级,推进集群品牌的形成,巩固集群的核心竞争优势,实现在全球价值链上的跃迁。

(四)产业集群升级的路径

目前,主要从两个视角来研究产业集群升级的路径。

一是从迈克尔·波特的"钻石模型"的角度,分析产业集群升级的路径,着力提高集群的竞争力。从这个视角研究产业集群升级的路径,首先要了解"钻石模型"的核心要素,包括基础设施、资源条件、制度文化机制、市场的质量与规模、支撑产业与相关配套的产业,以及企业的战略、结构及竞争行为等,这些核心要素是形成集群竞争优势和促进产业集群升级的关键。

具体表现在:①要素的完备性能够避免产业关联度低、创新活力不强、升级速度缓慢甚至停滞倒退的现象,例如:相关的配套基础设施建设跟不上产业发展的需要,现有的制度文化机制阻碍产业之间的协作以及市场质量不高与规模过小阻碍产业结构的高级化,等等,完善产业集群内的基本要素是产业集群升级的基本路径。②区域内原主导产业的发展离不开区域内某些特有资源优势的支撑,一旦特有资源的竞争优势消失,集群将走向衰落,这就需要集群内部加大劳动力资源的教育培训力度,提升人才质量并完善人才结构,加强企业、高等院校、科研、服务、政府之间的沟通,加快技术创新平台的构建,并完善集群发展制度体系,进而持续改善集群核心要素,成为产业集群升级的必要途径。③核心要素之间相互依赖并促进发展,强化要素之间的协同效应,例如:企业的结构、战略及竞争方式基于区位环境,借助集群内各要素协同作用创造的竞争优势(降低交易成本、提高生产效率、提升创新水平等)嵌入价值链条的高端,带动集群内其他企业和产业的发展,推进产业集群升级,故核心要素之间的相互连接与强化是集群升级的最终路径。

二是基于全球价值链的集群升级方式,基本流程(如图 3-7 所示)是:基于集群内部的区域环境,增强集群内部主体的有效联系,完善制度文化机制,优化区域环境,提升集群学习能力,培育各种关系网络来加强集群内部治理,加强集群之间的竞争与协作关系,进一步实现产业集群的动态核心能力(包括资源整合能力、网络协调能力、技术创新能力、机会识别能力)的提升,通过在研发设计、生产、销售、品牌构建等不同环节推进产品升级、过程升级、功能升级、链的升级,促进新的价值链条形成并影响集群选择正确的时机、路径及方式嵌入全球价值链,实现产业集群的升级。

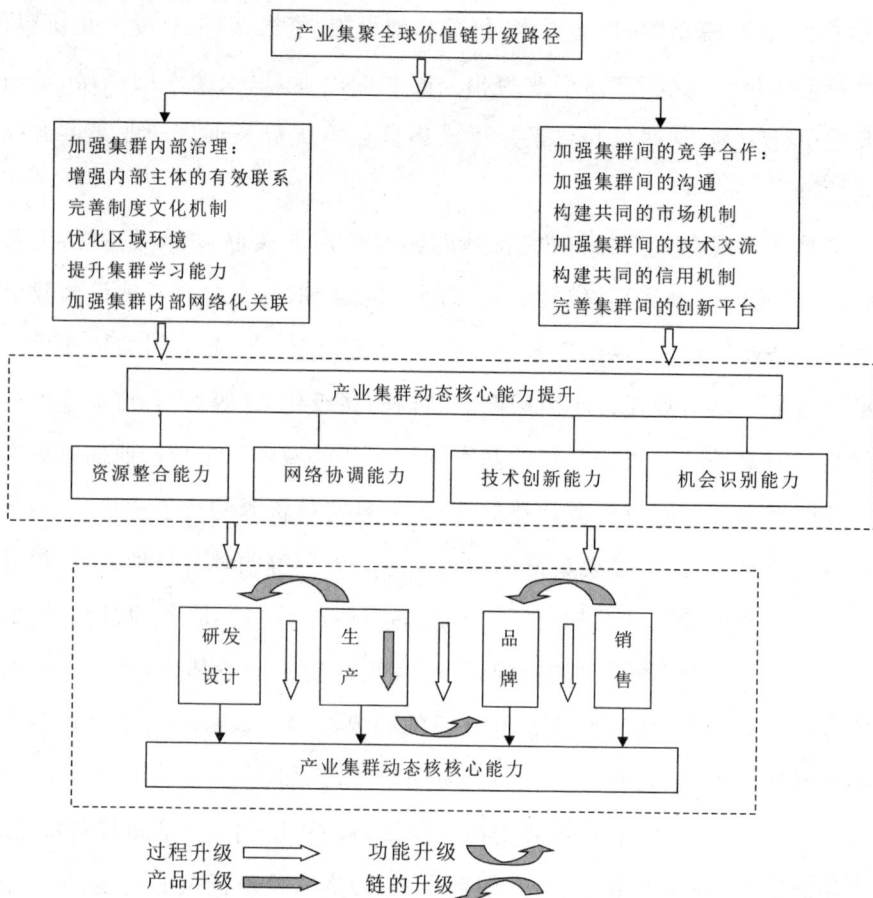

图 3-7　全球价值链视角下的产业集群升级路径

由于产业集群面临的风险,通过对产业集群升级的模式与路径进行分析,结合我国产业集群的现状,推进产业集群升级是创造区域竞争优势、嵌入全球价值链的必然路径。

第二节　推进产业集群升级对
促进经济社会发展的效应分析

一、产业集群升级对区域经济社会发展影响的总体效应分析

(一)促进区域经济增长

产业集群升级能够促进集群企业内分工细化,产业化程度提高,促使产业链条上中间投入品和劳动力市场的规模效应得以充分发挥,分工的细化和专业化产生的规模效应可以促进效率得以提高、产出得以增加,从而推动区域经济增长。产业集群的分工和规模经济与一般企业不同,该分工不是指单一企业自身,而是企业之间分工的细化。在集群内部,单个企业生产一般只专注于某个配件或某道工序加工,这种专业化程度越高越有助于企业生产效率的提高和生产技术的创新,由于企业地理上的集中,信息的分享是高效率的,一家企业的新举动和新方法会引发其他企业进行模仿学习,促使产业链条上任一环节和生产工序的创新。企业能够专注自己领域且能得到区域内其他企业的优势领域的支持,集群内企业间的这种动态协调发展将大幅度提升区域生产效率。同时,集群内企业通过共享基础设施、公共服务、公共信息资源和市场网络,缩短原材料采购和商品运输成本,降低生产成本,提高区域竞争力。

集群升级过程往往形成区域经济的"增长极",有利于吸引周边地区的各种资源、经济要素,甚至企业等向该区域集中,并会对区域经济发展产生积极效应。产业集群的优化升级,集聚要素能力增强,将吸引区域内外的资本、劳动力和技术等经济资源向集群集中,集群的高效率提高了这些生产要素的回报率,市场不断拓展,这将产生示范效应,引发更多的相关企业向集群地区迁移。随着产业集群规模不断扩大,在空间上的拓展

会将周围欠发达地区的相关产业纳入集群产业链条上,推动临近区域经济的发展。并且,产业集群中的交易成本低、信息传递快、政策优惠、公共设施完善等有利因素能够降低外商投资的风险和成本,成为外资首选的投资区域,而外商投资在地域和行业上越集中就越能有效地促进地区产业集群的发展,甚至能培育新的产业集群,拉动区域经济增长。

(二)促进技术创新与区域产业结构优化升级

产业集群升级将带动和加速集群内部技术的创新和技术向区域的扩散,是区域技术创新的重要推动者。集群内企业间存在着各种正式和非正式的关系,便于信息的集中与扩散,产品制造者、原料供应者和产品消费者之间能在较小的地理范围内面对面地交流信息,能相互学习并积累其他企业的经验和技巧,尤其是一些难以具体化、系统化的知识。同时,地理集中使竞争更加激烈,也就越能刺激企业进行创新,这必将对企业集群所在区域的创新能力产生重要的影响①。集群式创新与单个企业创新相比,更能提升区域技术水平,加速推动区域技术提升,这是因为集群的技术扩散效应更加明显。集群内企业地缘接近,内部正式和非正式交流频繁,各种隐性知识传播渠道畅通,信息的碰撞将产生创新的火花,一家企业的技术改进,就会引发连锁反应,引发相关企业做出相应的技术提升,从而带动集群整体采用新工艺,调整要素组合,提升集群的生产效率和产出量,进而推动集群产业结构升级,从而有利于提升区域经济总量和市场竞争力,促进地区经济增长。

区域产业结构优化既表现为产业技术水平提升和第二、第三产业在三次产业中的比重提升,也表现在就业结构的优化。产业集群的发展将调整区域劳动力的就业结构,吸纳更多劳动力从第一产业转移到第二、第三产业,集群内企业的组织性、技能性和丰富的文化生活将提升这些劳动者的就业能力和就业质量。伴随着农业剩余劳动力的转出,农村可以实行集约化生产,改变小农耕种的传统生产方式,提高农业产出效率,为工

---

① 朱连心.浅析中小企业集群的竞争优势[J].科技创业月刊,2007(4):80—81.

业和服务业发展提供更好的支持。区域产业结构的优化升级,带动消费市场的扩大,为产业集群发展提供更广阔的发展平台和空间,二者相互促进,共同发展。

(三)加速区域资源的整合

产业集群升级过程就是内部动态能力对各要素整合、运用并提升的过程。各类资源的稀缺性使产业集群比单个企业更能有效协调内部资源,发挥 $1+1>2$ 的整合功效,从而实现集群资源的帕累托最优。产业集群在发展过程中所需要的投入要素,不仅是传统意义上的自然资源、资本、劳动力等,还包括企业家资源、高素质的人力资源,更为重要的是为集群升级服务的地方政府、行业协会、金融服务部门和教育培训科研机构和企业内部资源一起协同推进产业发展。产业集群重要的整合功能就体现在对区域内的这些软、硬资源进行优化组合,发挥其最大效能,为社会创造出更多的财富。产业集群升级对区域资源整合运用体现在集群的优胜劣汰机制。产业集群内部的单个企业可以设定目标集中战略,为实现目标把有限的资源集中起来,例如:把产品层次定在某个特定的顾客群体,主攻某产品系列的一个细分区段或某一地区销售市场,从而可以把生产部门或多余的管理组织外包出去,强化核心功能。产业集群内企业退出壁垒较低,因为集群内为生产服务的金融机构、保险机构、咨询服务及劳动力市场等相关配套服务业较齐全,市场发育程度比较完善,通过产权交易或企业并购的形式,可以使集群内企业进退集中,把集群内现存资源转移到效益较好的相关企业中进行优化配置。集群外的企业之所以退出壁垒较高,是因为企业现存资产转让困难,且转让成本较高,养老、失业保险等社会制约因素多,这就造成企业即使收益很低,甚至投资收益为负的时候也不愿退出市场,区域内的不良资产难以释放重组,造成全区域利润率低水平运转。在产业集群的区域,资本的不断膨胀和运用结构一直在调整优化中,从而推动区域经济增长。

二、产业集群升级促进区域产业结构调整

(一)促进区域主导产业跨梯度发展

区域产业结构调整优化过程正是区域主导产业不断更迭的过程。按照产业生命周期理论,主导产业的成长分为形成阶段、扩张阶段、成熟阶段和衰退阶段,正是主导产业周期性的变化,新的主导产业对原有主导产业的代替,推动区域产业结构的优化升级,保证区域经济持续增长。我国正处在新型工业化阶段,产业结构调整步伐加快,各区域都根据当地资源优势和产业基础确立主导产业,并以推动主导产业的持续增长作为产业结构调整的出发点。中部地区在确立主导产业时,如果按照传统的比较优势理论,只能选择具有比较优势的资源和劳动密集型产业,只能承接从东部淘汰的劳动密集型产业,但这有可能使中部陷入"比较优势陷阱"中,使中部永远无法缩短和东部发达地区的差距,且和国家"区域协调发展"的整体战略思路相违背。波特的竞争优势理论为落后地区赶超发达地区,实现跨越式发展提供了理论根据。根据竞争理论,一区域的主导产业的竞争优势形成并不一定需要资源优势,如果某一地区产业能够聚集在一起形成分工细化、链条完整、服务完善的产业集群,发挥集群的整体效应,该区域的主导产业也就孕育而生。

区域内产业集群规模扩大,像一块巨大的磁石吸引区域外的生产要素不断涌入,集群能力不断得到强化,其集聚效应也就越明显,将吸引更多的外在优势资源移入,推动集群跨梯度发展,突破传统的地域梯级转移的模式。根据建立在比较优势理论基础上的产业梯度区域转移理论,产业转移总是从高梯度区域向低梯度区域转移,高梯度区域将本区域内已丧失比较优势的衰落产业转移到生产成本较低的落后区域,将资源用于发展技术水平更高的产业。[①] 随着产业承接地的经济发展,这些产业又

---

① 郭丽.产业区域转移及其对后发区域经济发展的影响[J].当代经济研究,2008(10):40—43.

会从经济发展较好的地区向其他经济发展更为落后的地区转移,由此产业会在不同程度经济发展区域形成循环上升式的转移浪潮,其结果是各区域的产业类型被锁定在和其自身经济发展水平、要素禀赋总体相适应水平上,区域发展差距总是存在,且有扩大趋势。实际上,低梯度区域完全可以不按照梯度转移来发展经济,打造地方特色产业集群,在集群升级过程中形成地方竞争优势,由此吸引优势资源的跨梯度移入,以此促进该区域主导产业跨梯度发展。

(二)推动区域产业沿价值链条升级

产业集群通过对区域内特定产业价值链的整合,促进产业沿价值链条升级,进而实现对区域产业结构的调整。所谓价值链的整合,是指从产业价值链条上低附加值的加工组装等生产环节,逐渐向高附加值的产品设计和研发环节及产品的销售和售后服务等环节转变。附加值低的价值链条,技术含量不高,对知识技能要求低。地方产业集群由价值链条低端向高端升级的过程,正是产业内结构调整过程。这种调整又具体表现为四种形式:①工艺流程升级:通过引进新技术,或对生产体系进行重组,改造工艺流程,提升价值链中加工流程的生产效率,实现集群的升级与发展。②产品升级:通过改进已有产品,或引进、研发新的产品,提升价值链中生产产品的质量,实现集群的升级与发展。③功能升级:通过外包或放弃原有低价值环节,集中资源专注于产业价值链的某些优势环节,强化核心业务,从低价值的生产环节跨越到附加值高的设计和营销环节,逐渐获得该产业价值链的主导权,实现集群的升级与发展。④链条升级:通过把从一个特定价值链条上获得的能力自主地延伸到新的、附加值更高产业领域的价值链,实现集群的升级与发展。

在中部地区,无论是传统产业集群,还是高科技产业集群,其产生和发展都和本地产业基础密切相关,优势环节大都是表现在低成本的制造加工底层环节,集群内部分工粗糙、产业链条短、网络化程度低、技术水平落后、创新资金有限,再加上地方产业集群主观上存在小富即安、不思进取的惰性思维,这些容易使地方产业集群陷入"价值链低端——创新不足——价值链低端"的恶性循环中,造成地方产业集群仅仅依靠自身内部力量来提升其在全球价值链上的地位,这将是一个比较缓慢的过程。面对国内巨大的市场压力,地方产业集群可以通过产业调整,进行价值链式的整合,加强自身技术积累,形成较完备的地方产业体系和配套组织,塑造国内品牌,在条件成熟时再将国内品牌向国际品牌延伸,积极融入国际分工体系,嵌入全球价值链,为自身能力提升提供一个更高的平台。借助这一个平台,学习和积累更多的知识与技术,加强内部网络建设,不失时机地沿着价值链向更高附加值攀升,提高产业集群核心环节附加值,带动周边辅助支撑环节的升级,从而推动区域整体产业价值链不断提升。

(三)推动新兴产业发展

产业集群升级意味着集群内企业实现了产品升级,或者是工艺升级,或者是技术升级,甚至是实现了链条升级,从附加值较低的价值链条跃升到高附加值的价值链条上。无论是哪一种升级形式,产业集群的生产的专业化及网络化特征决定了集群企业在升级过程中会将附加值低的生产环节外包给专业化的厂商,将有限资源集中在生产自己更擅长的环节,以提升企业的核心竞争力。对于企业自身来讲,这种"瘦身"运动既可以减少企业的管理层次,加强内部信息沟通,降低管理成本,还能够实现不以"全身而退"的方式刚性离开市场,仅是将失去优势的环节外包出去。区域内专业化的厂商可以以这种提供公共性业务的"柔性"生产方式嵌入集群内多个企业的生产链条上,形成"你中有我,我中有你"的网络化生产方式,并由此降低资产专用性,节约成本,加速区域内协作分工深化,促进生产资源在区域间的整合和重新配置。

产业集群升级过程中的垂直解体有助于区域内新兴产业的兴起和发展。一方面,区域内产业分工不断拓展,被剥离出来的某些业务或生产环节集中在集群周围,将可能形成新的产业,独立承担专业化分工职能;而"瘦身"后的企业资源有可能同其他辅助生产要素或外来新要素进行重新组织,打造新的产业链条,从而促使新的产业形成。另一方面,由于集群内的各类企业及中介机构具有很强的相关联性和互补性,在产品性能、零部件、技术和服务等方面具有互通性,解体后的价值链条片段具有很强的共享性,可以通过技术往来、生产加工等方式融入相关产业之间,实现产业间的交叉与渗透,使产业间边界变得模糊,在此基础上,这种交叉和重叠将进一步延伸到集群外,使产业融合向外不断扩展,打造区域新兴产业。

三、产业集群升级提升区域产业竞争力

(一)提高产业的整体竞争能力

竞争理论和现代世界市场都表明,产业集群可以提升区域产业竞争力。所谓产业竞争力,就是产业取得市场竞争地位的能力,它可以通过产业集中度、市场结构和产业集聚效应等指标进行衡量。产业在区域特定地理位置上的集聚,能够为产业带来竞争优势。通常,产业集中度高、规模效应好、网络组织结构完善的产业集群,创新能力就高,产业竞争力就越强;反之,集中度低、规模效应差、网络组织结构不完善的产业集群,创新能力就低,产业集群竞争力就较弱。区域发展主要是依靠相关主导产业发展来推动的,大量的优质产业构成了区域发展的动力源泉。产业集群就是在产业链条上相关的大量产业在区域内的集中,因此,产业集群竞争力往往代表区域产业竞争力。产业集群的升级,实质就是产业集群竞争力的提升,能够通过集群的产业关联效应,带动区域其他相关产业的生产活动,吸引投资和研究与开发,提升区域产业竞争力;通过集群的知识溢出效应,使区域相关产业获取和运用信息机会增加,从而实现资源共享,产业处理信息成本降低,有利于增强区域产业竞争力;通过集群的创新效应,诱使区域产业组织学习与效仿,降低单个企业创新成本,促使区域社会价值观念转变,增强区域产业进取意识,从而提升区域产业竞争力。

(二)加强企业间的有效合作

企业是市场经济的创新主体,信息的沟通、知识的传递和交流是企创新的源泉,但这是建立在企业间互相信任、长期合作的基础之上的。因此,企业间的合作不是建立在契约之上,而是建立在彼此间的信任上,没有企业间与区域领导人之间的深刻信任,任何形式的契约都无法达到信息共享、资源共享的状态,这将严重影响区域企业创新能力提升。产业集群的网络组织结构恰恰构造出企业同其上下游企业间的竞争与合作关系,地理空间上的聚集使企业间正式和非正式交流频繁,形成共同的文化基础,有着相同的正式或非正式行为规范和惯例,产业集群为企业间建立密切的合作关系,降低机会主义倾向提供了信任和承诺的氛围。同时,从技术创新的客观条件上讲,集群升级的创新活动对资金、技术和人才等资源要求较高,风险较大,单个企业尤其是中小企业局限于自身资源禀赋,难以应对充满不确定性的复杂技术创新过程。此时,企业之间只有互相合作、取长补短、优势互补,才能共同抵御创新中的各种风险、分摊创新的成本,才能降低独自创新所面临的不确定性和复杂性。产业集群的升级,集群的网络组织更加完善,推动集群内企业在更高层次和更高水平上进行合作。产业集群这种独特的组织优势,将可能代表着区域未来产业内的企业间的联合,供应商、客户甚至竞争者联合起来,共同分享技能、资源,共同承担成本。

(三)促进企业创新力的提升

产业集群优化升级的过程正是集群不断创新的过程,这种创新具有巨大的溢出效应,能激发区域内企业的创新能力,从而增强产业的核心竞争力。这种创新不仅表现在技术方面,还表现在观念、管理方法、制度构建等许多方面。因为地理空间上的临近性,增加了企业间合作交流的可能性,容易使区域内企业形成一种长期的合作关系,降低企业搜寻和获取资源的成本,交易效率的提高导致区域内不同种类的专业种类数上升,分工的细化使企业专注某一领域,提升了创新的可能性。创新的成功更需要环境的刺激,产业集群有利于促进区域内企业获得持续不断的创新能力,并推动创新成果扩散,引发新一轮的创新。首先,产业集群的网络结构有利于知识溢出。通过集群内企业自身与客户和供应商等产业链条上的企业进行正式与非正式交流,形成集群共享知识,共享知识通过区域创新网络传递给企业,增强企业的知识存量。这些知识经企业整合后形成新的知识体系,进一步促进区域内企业创新,并通过区域创新系统传输给集群内其他企业,又形成新一轮的知识溢出。其次,产业集群的创新机制加速企业知识整合能力。知识具有专属性、不易传递性和投机性,在市场机制中无法实现整合,而必须在企业内部或企业稳定的合作中实现。产业集群恰恰能够创造企业间长期的合作和信任关系,推动知识在集群内外各企业之间交流、转移与整合,增强企业的创新力,提升企业的竞争优势。

(四)推动区域品牌的建立、传播与维护

产业集群生命周期理论表明,在产业集群升级阶段,集群克服了自组织锁定效应,集群内企业经过"优胜劣汰"的结构调整,彼此间形成具有地域根植性特征的专业化分工协作网络,营造出学习与创新的机制氛围,集群的竞争力不断攀升,创造了集群独特的区位优势,加速了区域品牌的出现。国内外许多区域品牌伴随着产业集群发展壮大而闻名于世,例如:意大利米兰高端时装、美国硅谷高科技、昆山电子、虎门服装、温州皮鞋等。区域品牌一旦形成就具有公共产品性质,为本地区企业共同拥有,就难免会出现"柠檬市场"现象,损害区域品牌声誉。此时,产业集群在纠正这类市场失灵、个别企业"以次充好"的败德行为上,有着独特的优势。首先,由于产业集群式一类企业在特定空间上的聚集,其产品具有明显的地域特征。一旦出现个别企业的价格欺诈或产品质量问题,就会影响集群的共同利益,更会对该区域品牌造成危害。因此,集群内的企业、行业协会或是地方政府都不会无视这种行为的继续,会形成合力进行谴责、干预和惩罚,并建立地方行业标准进行自我规范,从而保证产业集群和区域品牌良性发展。其次,产业集群具有较完整的生产和流通的组织网络。成熟的产业集群内部产业链条较完备,包括原材料采购、产品生产、运输、销售及售后服务等环节,这样,便于产业集群从各个节点进行质量把关,有效降低投入市场产品质量,保证集群区域品牌的公众信誉。一旦区域品牌

确立,就成为区域经济发展的重要无形资产,必将推动资本、技术、信息和劳动力等相关生产要素向该区域产业聚集,增强区域产业核心竞争力。

四、产业集群升级加速新型城镇化进程

经济学理论和工业革命的实践都表明:城镇化的发展从来都离不开产业的发展,要加速城镇化的发展,首先要通过产业在城镇的聚集,创造大量就业岗位,吸引农村剩余劳动力由第一产业向城镇第二、第三产业转移,从而形成人口和要素的双聚集,推动城市规模不断扩张,同时实现人口和空间的城镇化。因此,产业集群发展能够加速城镇化进程,这已是一个不争的事实。

(一)为城镇化提供坚实的发展基石

城镇化的实质是各种要素资源在区域内的高度聚集,而这正是以产业集群的形成和发展为基础的。产业聚集带动相关的资本、技术、劳动力和其他生产要素的聚集,引发交通、物流、金融机构、教育等相关服务业的集聚,促进城市基础设施、生产资料、生活资料和其他配套设施的发展,并由于产业集群的集约化和规模化效应,节约企业和人们生活、交易成本,产生强烈的外部规模经济,形成城市的增长极,不断地吸收各种先进生产要素聚集,在集群成长和升级过程中,引发城镇在空间上不断拓展,同时,产业集群不断发展,提供大量工作岗位,也为人口向城镇聚集提供了就业基础。因此,城镇数量的增加、空间的拓展和人口的集中都是以产业集群发展为前提的,只有在不断促进产业集群发展、升级过程中,才能实现城镇健康、可持续发展。

以市场力量为导向的产业集群的发展,可以带动城镇配套基础设施、餐饮业、物流业、交通运输业等相关配套产业的发展,提供大量就业岗位,吸引人口聚集,而人口的聚集能够带来先进的技术、知识和消费市场,又会推动产业集群进一步发展,从而引发新一轮的城镇化。在产城互动的发展中,既实现了产业集群的持续升级,也推动了城镇化水平的提升。

（二）促进农村劳动力向城镇转移

城镇产业的发展为农村剩余劳动力向非农转移提供了大量就业机会，促进人口不断向城镇聚集，推动了区域城镇化水平的提升。未来我国城镇化进程中将面临解决大量农村转入城镇人口的就业问题。同时，作为一个农业大国，农业、农村和农民问题始终是我国经济发展中的难题，要解决"三农"问题，归根到底，需要转变农业经营方式，实现农业集约化、科学化经营。而目前我国农村人均耕地仅 0.1 公顷，农户户均耕地仅 0.6 公顷，随着农村人口的递增，农村耕地资源在逐渐缩小，远达不到农业规模化经营的门槛。同时，农业机械化和科学技术水平的提升也要求对农业资源进行优化配置，而转移大量农村剩余劳动力是实现资源优化配置的重要途径。这就需要城镇提供大量的工作岗位和配套的生活服务设施以满足转移到城镇的农村剩余劳动力的需要，否则将有可能形成城市贫民窟。区域内的产业集群通常是由地方特色产业聚集而发展起来的，多数是以生产加工为主的劳动密集型产业，技术要求相对较低，这对于长期从事农业、文化程度和技术水平不高的农村剩余劳动力来讲，将是理想的就业场所。此外，产业集群是许多专业化企业的聚集，随着集群的发展，集群内特定行业和劳动力的增长，将形成区域"专业化"市场，这也为进城镇寻找工作的农村剩余劳动力提供了信息平台，降低了搜寻成本，有助于加速剩余劳动力的转移。产业集群除了企业自身发展需要劳动力外，为集群良好发展，必须有相应的配套设施，例如：餐饮服务、物流、交通、电信、金融、咨询等中介服务机构和为生产、生活服务的相关产业，可以为转移到城镇的农村剩余劳动力提供大量就业岗位。评价城镇化水平的一个重要指标就是农村人口转移为城镇人口的数量，产业集群的发展可以为农村劳动力转移到城镇聚集创造良好的基础。

（三）提升城镇综合竞争力

城镇的综合竞争力可以从硬件和软件两个方面去衡量：硬件主要从人才、技术、资本、基础设施等方面考虑，软件可以从文化、制度、政府和企业的管理能力等方面考虑。城镇化的过程实际上就是产业演进的过程，二者在经济的发展过程中始终处于交融共进的动态演化中，只有具备连续不断的、强有力的产业支撑，才能满足人们就业，才能增加人们收入，城镇化的发展才有实际意义，才不至于出现城镇化的空心化，才能带动有效周边地区的发展，增强对周边地区的凝聚力和辐射力，有效促进劳动、资本和技术等各种生产要素集聚与合理流动，进一步强化城镇的吸引力和承载力，最终提升城镇参与国际国内竞争的能力。

　　产业集群升级能够提升城镇人才、技术、资本、基础设施等方面的硬件竞争力。首先，从人才集聚角度看，企业通过研发、培训等不仅可以有效提升劳动者整体专业技术素质，还可以培养出一批具有管理经验和能力的集管理和技术于一身的优秀人才，这些优秀人才可以通过乘数效应带动、吸引越来越多的专业人才，甚至有可能促进相关专业技术劳动力人才市场的形成和发展，从而有利于促使更多的人才汇聚到城镇，进一步提升城镇的竞争力。其次，从资本集聚角度看，资本的投入需要考虑投资收益率与利率之间的关系。随着企业竞争力的不断增强，企业资本的收益率越高，对资本的吸引力越强。同时，随着企业规模的扩张，对企业周边的各种基础设施要求也随之增强，城镇基础设施建设也就需要投入更多的资金，基础设施不断完善可以吸引更多的资本集聚，通过这一系列环节形成良性互动，集聚到城镇的资本越来越多，城镇竞争力也会不断提升。最后，从科技发展角度看，集群内的企业相伴相生，企业需要通过科技创新，才能不断保持自己独有的竞争力。在集群内，企业之间往往是通过竞争合作的方式增强自身的创新能力和品牌效应，可以采取企业与企业之间共同研发项目的方式，也可以采取与科研机构之间合作研发项目的方式，再将科技成果转化为强有力的生产能力，从而提高市场的应变能力和市场竞争力。企业竞争力的增强会吸引更多的资金、人才和技术集聚，企业的创新能力会进一步增强，这种良性的互动能促进企业、城镇的竞争力更加强大。

　　产业集群升级能够提升城镇文化、制度等各方面的软件竞争力。首先,从文化方面来看,产业的集群不仅能带动周边经济社会的发展,也能拉动就业、促进城镇居民收入水平的提高,随着物质生活水平的提升,人们开始有更多的时间和金钱去享受精神生活,即关注、享受文化方面的生活,这样可以更好地促进城镇自己独特文化形成和发展;其次,从管理理念和方法提升的角度看,企业集聚可以促使先进的管理经验、管理理念和方法在企业间相互传递和借鉴,促进整个城镇管理水平的提升;最后,从制度完善方面看,政府需要不断根据产业集群发展的需要,去制定相应的规章制度,引导产业集群规范发展,这也是提升政府管理水平和服务水平的过程。

总之,城镇通过产业集群形成的一体化综合能力,推动集群和外部的经济贸易往来,可以有效促进城镇不断以开放的姿态参与外部的合作与竞争这个经济体中,扩大对外开放,通过各方面的交流合作,不断提升城镇综合竞争力。

第四章 数字与产业

随着数字技术的不断发展和广泛使用,带来整个经济环境和经济活动的根本变化。这种变化代表着经济新的生命力,代表着信息技术给人类生活带来的新福祉,同时也代表着人类文明不可逆转的前进潮流。

在这样一个时代,任何产业都将数字化。同时,数字又会产业化,形成一个全新的业态。这就是专家学者们总结的"产业数字化、数字产业化"。

第一节　产业数字化

产业通常是指生产物质产品的集合体,包括农业、工业、交通运输业等,一般不包括商业;有时又专指工业,如产业革命;有时泛指一切生产物质产品和提供劳务活动的集合体,包括农业、工业、交通运输业、邮电通信业、商业饮食服务业、文教卫生业等部门。

产业是指由利益相互联系的、具有不同分工的、由各个相关行业所组成的业态总称,尽管它们的经营方式、经营形态、企业模式和流通环节有所不同,但是,它们的经营对象和经营范围是围绕着共同产品而展开的,并且可以在构成业态的各个行业内部完成各自的循环。

第二次世界大战以后,大多国家采用了三次产业分类法。在中国,第一产业为农业,包括农、林、牧、渔各业;第二产业为工业,包括采掘、制造、自来水、电力、蒸汽、热水、煤气和建筑各业;第三产业比较繁杂,包括流通和服务两部分共 4 个层次。①流通部门,包括交通运输、邮电通信、商业、饮食、物资供销和仓储等业;②为生产和生活服务的部门,包括金融、保险、地质普查、房地产、公用事业、居民服务、旅游、咨询信息服务和各类技术服务等业;③为提高科学文化水平和居民素质服务的部门,包括教育、文化、广播、电视、科学研究、卫生、体育和社会福利等业;④为社会公共需要服务的部门,包括国家机关、政党机关、社会团体以及军队和警察等。

一、产业数字化的内涵与意义

2020 年 6 月,国家信息中心信息化和产业发展部与京东数字科技研究院在京联袂发布《携手跨越重塑增长——中国产业数字化报告 2020》,该报告首次专业阐释"产业数字化"。报告认为,产业数字化是指在新一代数字科技支撑和引领下,以数据为关键要素,以价值释放为核心,以数据赋能为主线,对产业链上下游的全要素数字化升级、转型和再造的过程。

关于产业数字化的内涵主要包括六个方面,一是以数字科技变革生产工具;二是以数据资源为关键生产要素;三是以数字内容重构产品结构;四是以信息网络为市场配置纽带;五是以服务平台为产业生态载体;六是以数字善治为发展机制条件。

关于产业数字化的现实意义,主要有以下三点:

1.从微观来看,数字化助力传统企业蝶变,再造企业质量效率新优势。传统企业迫切需要新的增长机会与发展模式;快速迭代及进阶的数字科技为传统企业转型升级带来新希望;传统产业成为数字科技应用创新的重要场景。

2.从中观来看,数字化促进产业提质增效,重塑产业分工协作新格局。产业数字化可以提升产品生产制造过程的自动化和智能化水平;降低产品研发和制造成本,实现精准化营销、个性化服务;重塑产业流程和决策机制。

3.从宏观来看,孕育新业态新模式,加速新旧动能转换新引擎。数字科技广泛应用和消费需求变革催生出共享经济、平台经济等新业态新模式；促进形成新一代信息技术、高端装备、机器人等新兴产业，加速数字产业化形成。

当前，企业在产业数字化进程中面临许多问题，一是自身数字转型能力不够导致"不会转"；二是数字化改造成本偏高，但自身资金储备不足造成"不能转"；三是企业数字化人才储备不足致使"不敢转"；四是企业数字化转型战略不清，决策层"不善转"；五是企业多层组织模式不灵，中层领导"不愿转"。

二、产业数字化的着力点

根据现实情况，要推进产业数字化，重点要在以下五个方面进行努力。

1.数据要素驱动——数据资源成为现代企业价值创造的生命线及数字科技发力的新引擎，基于数据要素驱动精准触达客户需求，数据要素加速催生全新商业模式。越来越多国家或企业寄希望于通过数字化实现能力提升或弯道超车。

2.科技平台支撑——平台模式是数字化转型和落地的主要实现方式，在产业数字化进程中发挥着产业要素资源连接器、企业由自转向共转加速器、新型虚拟组织形式孵化器的积极作用，是产业数字化转型的"工具箱"。

3.品牌价值赋能——品牌价值作为企业的一种隐性资产在终端消费者引流方面有着独特价值作用。通过加速推动品牌价值线上线下转移融合，利用不断更新换代的数字科技让传统产业品牌价值释放新能量、新价值，将品牌价值赋能打造成为产业数字化转型的新"亮点"。

4.生态融合共生——融合是产业数字化的核心本质，未来产业数字化将推进更多依托生态共建形式落地。传统企业与数字科技企业加速跨界融合实现共生共赢，探索构建线上线下融合共生的，以自由流动的数据资源为基础，以数字科技族群为连接，以多元数字科技平台为依托，以共同价值主张为导向的全新产业生态体系。

5.政府精准施策——政府精准施策是破解当前企业数字化转型能力不足、转型改造成本高、数字化人才储备不足等问题的助推力。政府通过创新数字化发展政策环境为产业数字化营造良好环境；搭建线上线下于一体的新型撮合平台为企业数字化转型提供全天候无忧撮合服务；精准把脉产业数字化转型痛点，为企业数字化转型提供精准靶向政策措施。

三、产业数字化的发展趋势

根据专家们的研究总结，产业数字化呈现以下发展趋势。

1.数字科技赋能，产业数字化转型提档加速。数字科技赋能，形成数字科技新生态体系，驱动产业数字化转型升级加速；数字科技成为传统实体经济与数字化虚拟经济的重要"连接器"，数字化基础较好的传统产业由原来小范围探索阶段步入规模化应用阶段，数字化基础较薄弱的传统产业将利用数字科技重塑产业格局实现弯道超车。

2.产业价值创造突出终端消费者需求导向。终端消费者正在由商业价值链的C端向"C位"转变，拥有较高数字技能与素养的数字化消费者广泛参与研发、设计、生产、销售等各个环节并成为连接产业链诸多环节的关键"结点"，在商品生产创新及商业模式变革中的话语权不断增强。

3.产业组织关系从线性竞争向生态共赢转变。以用户价值为出发点建立合作关系而形成的数字化生态及平台取代企业成为未来产业生产的基本单位；要素资源流动自由化，产业分工精细化、协同化和平台化，最终实现向生态共赢关系的转变。

4.场景化应用引领产业数字化发展新方向。未来场景化应用将呈现出标志化、深度化等特点。"标志化"场景定制成为产业数字化加速落地的"试验器"；"深度化"场景应用是引领产业数字化发展的"助推器"。

5.共建共享共生成为产业数字化转型关键。产业数字化转型是一项以"融合共赢"为关键的耐力赛，只有通过共建、共享、共生构建起广泛联盟、合作共赢的跨界多边融合生态模式，才能真正实现产业数字化成功转型。其中,传统产业是转型的主力基础,以"信息化、SaaS 化、移动化、AI 化"为主要特征的数字化企业服务是转型的技术动力。

四、产业数字化上升为"国家行动"

我国正处在新一轮科技革命和产业变革蓄势待发的时期,以互联网、大数据、人工智能为代表的新一代信息技术日新月异。促进数字经济和实体经济融合发展,加快新旧发展动能接续转换,打造新产业新业态,是各国面临的共同任务。

我国高度重视创新驱动发展,坚定贯彻新发展理念,加快推进数字产业化、产业数字化,努力推动高质量发展、创造高品质生活。我国愿积极参与数字经济国际合作,同各国携手推动数字经济健康发展,为世界经济增长培育新动力、开辟新空间。

2020 年 4 月,国家发展改革委、中央网信办印发《关于推进"上云用数赋智"行动培育新经济发展实施方案》的通知。要求各地发展改革、网信部门要高度重视,国家数字经济创新发展试验区要积极行动,大胆探索,结合推进经济社会发展工作,拿出硬招、实招、新招,积极推进传统产业数字化转型,培育以数字经济为代表的新经济发展,及时总结和宣传推广一批好经验好做法;后续,国家发展改革委将进一步联合相关部门,统筹组织实施试点示范、专项工程等工作。

第二节   数字产业化

数字产业是指以信息为加工对象,以数字技术为加工手段,以意识(广义的意识概念)产品为成果的公共产业。

在我们现代社会中以及在研究数字城市过程中,数字化对产业的影响和逐步市场化,其对社会生产的影响,是人类社会生产前期任何一种生产形态都无法比拟的。网络经济产业、通信产业、卫星产业等都该属于数字产业范畴。根据对"克拉克大分类法",第一产业为农业;第二产业为工业;第三产业是除第一、二产业外的所有其他产业。而数字产业是所有产业的延伸,将是第四产业。

第四产业是一种新的产业分类法中的一个产业层次,是人类产业经济的第四次分类。这是根据马克思主义关于"生产力决定生产关系"的基本原理以及劳动对象的非物质变化,理论结合实际进行的一次新的探索。作为第四产业的数字产业涵盖知识信息产业、通信产业、网络产业、航空卫星产业以及文化产业的部分市场化数字技术应用产业,还包括教育、文化、广电、卫生(疾控)、体育、民政(残疾、福利、慈善)、环保、国防、司法、治安、社会保障、计生、宗教及民族事务等具有社会公共性的数字化管理应用并具有市场特性的产业。

本书所说的数字产业,主要是指信息产业、通信产业、网络产业、航空卫星产业以及文化产业的部分市场化数字技术应用产业。

一、数字产业化的含义

二进位数和数字电脑的发明把信息由原始简单的手工记账演算,发展到大量的资讯材料的收集记录、内容的分析发挥、形象图形的推测解读,成为一种复杂的工具及资产。由此而形成的信息,已继能源和自然材料之后成为人类第三大资源,而这种工具及资产因其具有独特的性能,本身技术的范畴及其相应的管理及应用的方式,形成独具一格的产业化的信息资源。

因特网的兴起和发展推动了数字产业化。数据的处理自因特网兴起后,大量的数据从区域网(LAN)拓展到广域网(WAN),再经过网络,把世界大部分的电脑联结起来,而由各种特定需求及不同管理而产生的网络公司、信息服务公司、信息经贸公司与信息技术公司等也因此应运而生,逐渐形成了今天的数字产业化。

数字产业化的内涵十分丰富,主要包括:数字产品制造业、软件和系统集成业、电信运营业、信息服务业等全产业链向规模化发展。

简而言之,数字产业化是指在数字化过程中,将数字产品的制造、开发及服务等发展成为一个规模化的相对独立的行业——数字产业,这一过程称作数字产业化。

二、数字产业化的意义

信息技术和网络技术的飞速发展为数字产业化进程提供了重要的技术基础,并催生了一个新兴产业,即数字产业。该产业对社会的政治、经济、文化、教育和娱乐等各个方面的发展都产生了重要的影响,并将成为未来一个时期最具发展潜力的产业之一。它的重要意义如下:

1.发达的数字产业将显著提升人们的生活质量。数字产业在信息管理安全、网络家庭银行、交互式家庭采购、网络游戏、交互式数字电视以及交互式远距离学习等各个方面的发展必定为人们提供安全的、富裕的、愉快的和方便的生活。

2.数字产业成为新的经济增长点和国际竞争的热点。数字产业有着巨大的市场潜力和较快的增长速度,从各项统计数据来看,世界市场上数字产业的增长保持了33%以上的增长率。数字产业具备发展知识经济与数字经济的双重意义,是促进传统产业升级转型为高附加值产业,并提升一个国家的整体产业竞争力的重要的基础。据统计,数字产业对GDP增长具有巨大的带动作用,每1个单位数字产业的直接收入将带来2个单位的媒体及出版业收入的直接贡献,4个单位的IT业收入的直接贡献,7个单位通信业收入的直接贡献。

3.数字产业是拉动相关产业的引擎。数字产业的广泛应用,必将会引导从信息制造业到信息服务业、从生物技术到新材料再到光机电领域的发展,数字成为技术进步的一种市场推动力量。产品的信息化和数字化为嵌入式信息产品提供了巨大的市场成长空间,从大众消费市场的移动设备、手持终端和信息家电,到产业市场的通信设备、工业自动化设备、智能化仪器仪表,几乎涵盖每一个工业和服务业领域,产品从系统信息内容、支撑信息内容到各种应用信息内容。内容产业具有衍生性,围绕内容创意,可以衍生大量的产品和服务,形成了由内容向服装、玩具、餐饮、旅游、软件以及装潢、音乐、出版市场的辐射,在带动许多产业的发展的同时,也带来了大量的就业机会,信息内容产业的产值将会在整个国民经济中发挥重要的作用。

4.大力发展数字产业有利于弘扬和保护民族文化。信息时代,文化内容以数字信息和数字通信技术为载体,并迅速成为一个高速增长的产业,推动了文化内容产业的崛起和发展,引领着当代文化产业发展的新趋势。这种内容产业以创意为动力,将各种"文化资源"与最新数字技术相结合,融会重铸,建立了新的生产和消费方式,产生了新的产业群落,培育出新的消费人群。随着中国信息化程度的不断提高,网络技术和基础设施的逐步加强,网民数量也激增,如果把中华民族优秀文化组织上网,制作成多媒体,把文化内容和精髓渗透动画、游戏等数字产品中,既符合现代传媒方式,又能够以人们喜闻乐见的方式传播文化。值得深思的问题是,风靡日本并被广泛推向全球的由日本 KOEI 公司开发的游戏《三国志》是取材于中国文化的,为美国迪斯尼公司创造不菲收入的动画《花木兰》同样来自中国的传统文化。因此我们必须加速数字产业的发展,找到自己的文化发展之路,保护民族文化。

5.数字产业的发展将促进知识的传播和教育的开放,消除数字鸿沟。将数字内容应用在教育上,其运作模式类似于远程教育,能够推动知识的传播。实际应用的一个典型的例子就是"开放式课程计划"(OOPS,Opensource Opencourseware Prototype System)。其目的是开放并分享知识与文化,让更多的使用者能够通过不同的学习方式接触到一些宝贵的知识,同时刺激国内高等教育的质变,并促成校际及国家级的合作计划,在更大更广的范围内营造良好的学习和交流氛围。

6.数字产业影响现代娱乐方式和内容,而娱乐数字产业将引领数字产业的发展。融入信息技术的动画、游戏等已经成为主流娱乐方式,也最容易被广大年轻人接受。由于很多爱看电视、玩线上游戏的年轻人逐渐成为社会消费的主流,而且他们的这些主要娱乐活动好像不花钱或者花费很少,那么整个工业产品的消费会大幅度下降。显然,新的时代,不是以消费工业品为主,而是以消费"数字内容"为主。因此,动画、游戏等娱乐数字产业有巨大的市场需求,是最容易市场化的领域,也是启动数字产业最好的方式。并且,可以预见随着中国经济的不断发展,消费结构在未来几十年里将不断升级,市场对于动画、游戏等娱乐数字产业的需求必将迅速增加。

三、数字产业化的趋势和前景

数字产业已经成为各大产业中发展最快、最具前景的产业,许多国家如英国、加拿大、日本、韩国、部分欧洲国家、澳大利亚等都由政府出面规划了相关产业发展战略,可见数字产业将呈现爆发增长的趋势,具有广阔的发展前景。

1.从数字产业的产业结构来看,数字内容产品之间的差别将会逐渐减小,产业融合化趋势越来越明显。基于动画特别是3D、4D的各类互动式数字内容产品将会成为数字内容产品的主流。游戏、动画、数字教育、网络内容、电信增值等产业界限将会越来越模糊。标准的单元式产品将不断被开发出来,数字内容产品将会向模块化、集成化、智能化方向发展。

2.从数字产业的竞争格局来看,跨国公司日益加快了本地化步伐,这一战略的实施给一直将本地化作为固有核心竞争力的国内企业带来了严峻的挑战。围绕技术、资金、人才、管理等要素的争夺将日益激烈。产业之间的渗透融合更加迅速。在不同的数字产业领域内,产业融合以不同的方式演进,最终将促成整个数字产业结构的合理化,并构架出融合型的产业新体系。

3.从数字产业的技术发展来看,创新成为数字产业发展的竞争焦点。数字产业的高速发展,正体现了这种产业的高度创新性。数字产业的高度创新需要大量的知识储备和智力投入,依赖于大量高水平的、创造性的人才。我国已明确将数字产业列为重点发展方向。我国政府正在从信息化建设以及信息资源开发利用的整体出发,根据中国的发展现状,不断完善管理体制,创造发展环境,重视新型创新人才的培养,从而推动数字产业化,扶持数字产业,提升国际竞争力。

四、中国数字产业化稳步增长

据 2023 年 4 月中国信息通信研究院发布的《中国数字经济发展研究报告(2023 年)》显示,2022 年,我国数字经济规模首次突破 50 万亿元,同比增加 4.68 万亿元,数字经济在国民经济中的地位更加稳固。数字经济占 GDP 比重进一步提升,占比达到 41.5%,数字经济作为国民经济的重要支柱地位更加凸显。数字经济持续保持高位增长。自 2012 年以来,我国数字经济增速已连续 11 年显著高于 GDP 增速,数字经济持续发挥经济"稳定器""加速器"作用。

2022 年,我国数字产业化规模达到 9.2 万亿元,占数字经济比重为 18.3%,数字产业化向强基础、重创新筑优势方向转变。数字产业总体保持平稳增长,内部结构趋于稳定。从规模上看,数字产业化增加值规模达 9.2 万亿元,比上年增长 10.3%,已连续两年增速保持在 10% 以上;数字产业化占 GDP 比重为 7.6%,较上年提升 0.3 个百分点,达到 2018 年以来的最大增幅。从结构上看,数字产业结构趋于平稳,服务部分在数字产业增加值中占主要地位。软件产业占比持续提升,互联网行业占比明显下降,服务部分整体占比小幅提升 0.3 个百分点。

第三节　数字与产业的深度融合

当前,中国的数字与产业是相互交织、相互拉动、相互促进的关系。下面主要从三个方面进行论述。

一、数字化渗透产业的各个角落

伴随着数字技术的推广、运用和普及,数字化以加速度渗透各个产业,已经以席卷之势覆盖每个产业的各个角落。这一点,从地摊经济的数字化可见一斑。

地摊经济是城市的一种边缘经济，一直是影响市容环境的关键因素，但地摊经济有其独特优势，能在一定程度上缓解就业压力。为此，2020年5月27日，中央文明办明确，在2020年全国文明城市测评指标中不将马路市场、流动商贩列为文明城市测评考核内容。

此后一段时间，全国各地的地摊经济百花齐放。紧接着，令许多人意想不到的情况发生了，那就是，数字化快速渗透这个不起眼的边缘经济形式当中。人们形象地总结说："摊位还在地上，但经营已经在云上。"利用数字化技术重构"人货场"的新零售，已将地摊经营大部分流程搬到线上。你看到的只是地摊的"形"，其实它的"神"早已是数字化的存在。地摊还是那个地摊，但它的供应、销售以及售后服务等流程都已上云，以数字化的形式运转。

融入数字化技术的地摊运营模式，正在成为新趋势。一方面，现在的地摊需要更简单、快捷、低成本的经营方式；另一方面，如今的云计算、大数据等数字化技术足以触达地摊运营。不管大摊位还是小摊位，只要涉及消费互联网，凭借多年积累的经验与持续创新的技术，就是再复杂的消费场景，平台们也能拿出相应的解决方案，对其升级、改造并实现赋能。

所以，各大平台支持地摊经济只是表面，本质上是数字化技术正在改造地摊经营。在供应链方面，摊主已无须再去小商品市场进货，只要在阿里、京东、苏宁等平台下单，很快就能收到想出摊售卖的商品。在交易与支付方面，几乎都使用微信与支付宝收款。在管理方面，原来面向店铺业务员同样可以服务地摊。移动POS机依然可以扫码，每个摊主都可以用店铺管理App经营，记账、库存等的管理，无须再用纸笔记录。

有专家学者说，地摊经济＋私域流量＋社群经营＋知识付费＋网红孵化＋直播带货，如果多项组合的模式足够稳定，体量达到上千摊位与成百社群，便足以催生一个市值几亿以上的企业。而这一切商业构想都基于数字化驱动。没有没有数字化与地摊经济的融合，闭环能力就要差很多。

二、产业化促使数字产品爆发

数字技术和产品不断发展,进而规模化、产业化,会反过来拉动数字技术和产品的不断升级和爆发式增长。例如,京东数字科技致力以人工智能、大数据、区块链等时代前沿技术为基础,开发多种产品为企业创造更大的价值。在他们的产品中心,各类数字产品让人目不暇接。关于金融的,有数字银行、互联网银行解决方案、移动银行解决方案、开放银行解决方案、智能营销解决方案、银行智能风控解决方案、智慧决策解决方案、银行数据中台解决方案等;关于证券的,有移动证券解决方案、证券数据中台解决方案、投资交易管理解决方案、证券智能风控解决方案、信用分析解决方案、固收智能交易解决方案等;关于农业的,有数字水产解决方案、数字养牛解决方案、数字养猪解决方案、智能四季温室解决方案、循环农业生态聚落解决方案等;关于 AI 科技的,有可穿戴 AI 仿生手、挂轨式巡检 AI 机器人、室内运送 AI 机器人、商服 AI 机器人、机房巡检 AI 机器人等;关于区块链的,有区块链电子化签署方案,全流程存证;关于虚拟数字人,可以定制人脸识别、人体识别、语音识别、语音合成、人脸门禁、人脸闸机等,为企业或个人提供更安全、更便捷的科技体验。这一切,得益于市场化、规模化、产业化。

正因为如此,不少专家学者提出,把数字产业作为第四产业独立出来。

首先,从产业结构合理化的角度来看:产业结构从来都不是一成不变的,一次、二次、三次产业的形成与发展正是伴随着经济的发展而逐步被人们认识和确立的。所以我们必须以动态的、发展的观点来研究产业结构问题。产业结构的合理化是一定历史条件和一定经济发展阶段的合理化,同时又是将产业结构不断推向更高级阶段的合理化。在现代经济生活越来越复杂、经济活动节奏越来越快速的情况下,试图保持一种永恒不变的产业分类法是不明智的。因而,我们应该有勇气冲破三次产业分类法的束缚,将数字产业这样一个新兴产业作为第四产业,然后在理论的指导下,从实践上给予高度重视,制定出正确的产业结构政策,将已有产业结构推向具有更高经济效益的产业结构。

其次,从数字产业与传统产业的比较来看:①数字产业与第一、二次产业的区别:第一、二产业同属于物质资料再生产过程,而数字产业的性质和特点则超过了物质资料生产总过程的总和,无论将数字产业归入哪类,都不符合类属特征;②数字产业与其他服务产业的区别:虽然从某种意义上说,数字产业也是一种服务业,但是毕竟数字产业这种知识性服务与一般的服务还是有许多不同之处的。正是这些不同之处,奠定了数字产业从服务业分化出来形成一个独立产业的基础。

数字产业与其他服务产业的区别主要表现为:第一,劳动工具不同。服务劳动工具主要是各种有形的工具,数字劳动使用的主要是大脑及大脑器官的延伸物——数字处理工具。第二,劳动形式不同。服务劳动主要是体力劳动,数字劳动主要是脑力劳动。第三,劳动对象不同。服务劳动对象主要是人和环境,数字劳动对象主要是各类数字。第四,劳动产品形态不同。服务劳动产品主要是人的生理性变化与环境变化,数字劳动产品是依附于各种载体上的数字。第五,劳动产品的效用不同。服务劳动产品主要用来满足人们的生理需要,数字劳动产品主要用来满足人们的精神需要。

另外,我们还可以从产业的市场范围和就业人员的素质来看数字产业与其他服务产业的区别:从产业的市场范围来看,数字产品和数字服务在空间上的扩张渗透力极强,具有全球范围的市场潜力,而其他服务产业的产品和服务受地域限制比较大。从就业人员素质来看,数字产业要求素质高、知识面宽的员工,是智力密集型产业,而其他服务产业对从业人员的要求不高,是劳动密集型产业。

综上所述,数字产业确实是与第一、二、三产业不同的独立的第四产业。

三、产业数字化与数字产业化的交叉融合

数字技术就是面向未来的技术,数字经济是未来发展的一大趋势。

当前,我们已经进入数字基础设施的集中建设期。网络化、数字化、智能化将成为未来经济发展的重要方向,基于新型数字基础设施,我们需要以未来的技术与理念来思考我们国家的产业升级模式与经济增长模式。

数字化形态将成为人与人、人与物、物与物交互的主要形态,这是我们思考未来产业形态的起点。今天,智能手机的消费互联网成就了"手机上的中国"。数字技术作为"通用目的技术",对传统物理基础设施改造具有显著的渗透作用;数字技术为传统基础设施赋能,形成未来发展的融合基础设施。不仅如此,3D打印、智能机器人、AR眼镜、自动驾驶等即将广泛应用的硬核科技,也会让数字基础设施延伸到整个物理世界,延伸到城市、工厂和农村,推动形成产业数字化与数字产业化的双螺旋。

产业数字化与数字产业化不是两个平行的进程,而是会彼此叠加、相互促进,其中的关键是形成工业互联网。工业互联网的本质是以数据作为驱动,利用数据进行信息交换与传递、利用数据洞察生产与商业的运行规律、利用数据驱动全价值链和全要素的网络化协同,产生新价值、新模式、新业态与新产业。例如,实时把消费者需求传递给生产侧,消费者的反馈成为研发工程师开发下一代产品的重要输入;又如,利用数据、算力、算法与模型,对物理世界发生的行为进行描述、分析、诊断、决策,以最低的试错风险与成本,指导物理世界的生产运营活动;再如,生产企业可以改变售卖产品的单一模式,延伸为管理服务商,为用户带来卓越的服务体验;等等。

产业数字化与数字产业化的大交叉、大融合与大协同,技术、科学、产业、区域经济、社会间的高度交叉与融合,将涌现出更多的新模式、新业态、新现象与新的价值创造方式。产业数字化与数字产业化的双螺旋将呈现出很多新特点:①普惠化,工业数字技术的成本将大幅下降,中小制造企业将真正享受到与大企业一样的数字红利;②智能化,"数据＋算力＋算法"形成的智能决策将渗透企业运行的方方面面,对企业管理进行系统性优化;③分布化,每一个带有明显产业集群效应的区域,都会自成生态;④去边界化,万物互联、万物上云将推动连接的泛在化,极大拓展新价值网络的边界与规模。

　　互联网自诞生以来的发展历程说明,连接本身就会创造价值。随着整个社会数字化进程的加快,互联网连接的广度与深度都将大大延展,并将打开巨大的价值创造空间。产业数字化和数字产业化将为中国经济插上转型升级的翅膀,不断激发高质量发展的新动能。

第五章　数字经济对产业结构升级的影响研究

第一节　中国产业结构现状

一、产业结构升级概念界定

产业结构升级指通过对区域经济环境和资源条件的深入研究,根据一般的产业结构演变规律和产业发展的内在要求,采取有效的措施,不断改善产业结构,提升产业发展水平,从而实现区域经济的可持续发展,这是产业结构升级的核心概念,也是实现经济可持续发展的重要手段。产业结构的改革不仅涉及提高产品质量,还要求其实现更加合理的结构。产业结构升级包括产业结构高级化和产业结构合理化两个维度。

随着经济的持续发展,产业结构正在朝着更加先进的方向演进,这一演进过程被称为产业结构高级化。它涉及三个产业的比重,其中第一、二、三产业的比重逐渐提升,因此可以用它们之间的比例来衡量。随着经济的发展,第一阶段的产业结构由农业和传统服务业组成,其中的初级产品部分占据着相当大的份额。然而,随着时间的推移,第二阶段的产业结构开始出现变化,制造业的份额开始快速增加,而初级产品部分的份额开始逐渐减少,直至"三二一"的产业结构出现,其中,第三产业(如金融业、服务业)的份额最高,第二产业次之,而第一产业的份额最低。"一二三"和"三二一"的发展历程,清晰地展示了产业结构的不断提升和优化。

产业结构合理化意味着在现有的资源条件下,通过有效地运用这些资源,提高生产要素的效率,并促进不同行业之间的均衡发展。这一过程包括调整行业之间的比重、推动技术创新和增强行业协作能力。通过改善产业结构,可以增强各个产业之间的协作能力,提升相互关系的密度,从而实现供求的均衡,推动经济发展。这种改变将会使各个部门、行业之间的配置更加灵活,从而实现经济的可持续发展。

二、产业数字化发展现状

(一)第一产业数字化发展现状

第一产业数字化主要是农业数字化。目前我国农业数字化水平相对落后,但潜力较大。农业数字化强调的是大数据、人工智能、物联网、遥感、全球定位系统、地理信息系统等新兴技术在农业生产中的运用。我国农业数字化发展尚处于初期阶段,随着科技的发展,农业的数字化转型已经取得了长足的进展,从传统的农耕模式到现代的智慧农业,都受益于数字技术的强大力量,为农业的发展提供了强有力的支撑,更多智慧农机走上田间地头,通过试点示范支持农机信息化改造,农业数字化发展潜力很大。

(二)第二产业数字化发展现状

第二产业数字化转型正在加速推进,目前第二产业数字化主要为制造业数字化。随着科技的进步,制造业正在迅速实现数字化转型,IT与工业技术的深度结合已经取得了显著成效,全国企业实现了关键业务环节的全面数字化。此外,随着工业互联网的发展,它的赋能效应日益显著。

(三)第三产业数字化发展现状

随着科技的不断推进,第三产业的数字化已经成为当今社会的重要组成部分。其中,服务业的数字化发展尤为迅速,它不仅涵盖了零售、餐饮、旅游、办公、教育、医疗等行业,而且还将这些行业的线上和线下融为一体,为经济的可持续增长提供强有力的支撑。产业数字化的重点就是推动实体行业与数字技术深度融合,是国民经济提质增效的驱动力。

三、产业结构的发展现状及特征

(一)三次产业产值结构发展现状

三次产业的产值变动是产业结构发展状况的根本性反映。目前中国产业结构升级取得了一定的成功,总体遵循配第一克拉克定理所阐释的产业结构演变规律,即产业结构最终会形成第三产业为主、第二产业次之、第一产业占比最少的产业结构。目前,三次产业增加值呈现缓慢而稳定的上升,三次产业的占比结构则趋于稳定。第一产业占比稳定在7%左右,第二产业比重稳定在39%左右,第三产业比重稳定在53%左右。当前,世界上主要发达国家的第一产业产值占比一般在1%左右,第二产业产值占比在20%~30%之间,第三产业产值占比在70%~80%之间。这表明我国第一产业和第二产业的比重相对较高,第三产业发展需要加快,产业结构也需要进行升级。

(二)三次产业就业结构发展现状

三次产业就业人数结构的波动变化在一定程度上反映着产业结构转型的变化趋势,所以对不同产业的就业人数进行统计可以从侧面分析我国的产业结构情况。在过去的几年时间里,第一产业的就业率一直在逐渐下降,而第二产业的就业率略有下降,而第三产业的就业率却在小幅度上升。三次产业就业人数占比整体比较稳定。2021年,第一产业就业人数占比缓慢下降,整体在24%左右,目前在22%左右,第二产业就业人数占比则较稳定,普遍在28%左右,第三产业就业人数缓慢增长,目前在46%左右。全球主要发达国家的第一产业就业率一直处于2%~5%的范围内,第二产业的就业率则处于10%~20%的范围内,第三产业的就业率则处于70%~80%的范围内,然而,中国的第一产业和第二产业的就业率都处于较高的水平,但正在不断接近发达国家的水准。第三产业则需要继续努力,加大劳动力投入,以提高就业率,增加其就业比重。经过深入分析中国的三次产业产值结构和就业人员结构的变化趋势,说明当前的产业结构表现为"三二一"格局,第三产业的持续增长促进了国内经济的发展,并有助于维护就业市场的稳定。然而,由于产业结构和就业结构的差异,第一产业的劳动力过剩问题日益突出,而第三产业的劳动力供给却相对缺乏,导致了劳动力的分布没能得到有效的优化,与发达国家的产业结构相比还有一些差距,因此产业结构亟待继续升级。

第二节 中国产业结构优化升级面临的挑战

一、三次产业结构不合理

近年来,我国经济发展迅速,三次产业结构得到了显著改善,"三、二、一"结构已经形成,第三产业占据了主导地位。然而,与发达国家相比,我国仍存在着第一、二产业比重较大,第三产业比重较小的现象。在发达国家,第三产业的比重大约是 70%,但是在我国,这个比例才刚刚达到 50%,这与发达国家的发展水平相差甚远,因此,我们还有很大的改进空间。

二、三次产业内部结构层级低

农业在第一产业中的数字化水平较低,这使得它在整个产业链中处于劣势地位,并且缺乏与数字经济的联系。这导致了农业的发展相对落后。第二产业方面,传统的高耗能产业占据了很大的比重,而高新技术产业的发展则不够显著。根据中心度排名,金属冶炼、压延加工、化学工业、石油、炼焦、核燃料加工以及其他高耗能行业的中心度排名均处于前20%,在整个产业结构中处于领先地位,但是,随着科技的发展,通信、计算机、电子设备、仪表仪器制造等高科技产业的中心度排名已经超过了50%,但是它们的重要性依然较弱,因此,大多数产业仍然处于产业链的最底层,产品的附加值也较低,产业层次偏低。由于企业缺少关键的核心技术,以及自主创新能力的不足,使得制造业的规模变得越来越小,无法实现真正的强势。此外,传统的服务行业,如金融、批发、零售、交通、仓储、邮政等,仍然处于较为优势的地位,然而,新兴的技术服务行业,例如信息传输、计算机服务、软件、科学研究和技术服务,仍然相对落后,制约着我国的经济增长和社会发展。

三、产业间关联性不足,融合程度低

随着科技的飞速发展,产业融合已经成为一种新的产业体系,它不仅使产业间的关联性和利益追求得到了极大的提升,而且也使得产业边界变得模糊。然而,目前我国的产业融合仍然存在一些问题,其中最突出的是制造业与服务业之间的联系较为薄弱,而且高技术产业与传统产业的融合程度也不够高。高科技产业之间的联系更加紧密,形成了更多的产业群,但是它们与其他产业的关联性不够,融合程度较低,这不利于我国产业的高级化和合理化发展。

第三节　数字经济对产业结构升级的影响分析

一、数字经济发展与产业结构升级的协同效应

产业发展是国家经济增长的基础,而数字经济的发展则是促进这一进程的关键因素。理论上,数字经济促进新旧业态的有机结合,在存量和增量上培育新动能,又改善传统要素供给结构,形成新的产业链聚集,促进产业的发展,提高其相关产品的附加价值,进一步嵌入国内价值链和全球价值链中,进而促进产业升级。而产业结构在升级的过程中则往往伴随着高新技术的引进、创新、数据资源等要素的流入,有利于数字产业化和产业数字化转型,进而促进数字经济发展。技术进步是数字经济发展和产业结构升级的重要引擎和动力。数字经济发展与产业结构升级的每

一个阶段、每一个方面都需要高新技术的嵌入、改造与深化,数字技术将数字化的知识和信息转化为生产要素,从微观层面看,可以推动企业及生产工艺转型升级,进而提升企业生产效率;从宏观层面看,促使经济发展方式从劳动密集型向知识和技术密集型转变,优化资源在不同产业部门之间的配置。技术创新是重要的中介变量,推动形成数字化的新型产业,引导传统三次产业改造和融合,促进数字产业化和产业数字化水平,进一步促进数字经济发展和产业结构升级。数字经济发展和产业结构升级相互交织,相互作用,可以创造更大的动能和新的价值,提高了财富积累水平,在一定程度上又会影响国家产业政策的制定。政策的激励和市场竞争大大增加了对高新技术、高层次人才的供给和需求,提高劳动生产率,加速产业的发展,实现产业放大效应,以产业为目标,大力发展数字经济,进一步发挥数字经济的引擎作用,从而在这个过程中形成一个动态良性循环演化。因此,数字经济发展与产业结构升级之间存在着一定的协同效应。

二、数字经济发展与产业结构升级的协同效应机制

数字经济发展和产业结构升级之间存在协同效应,意味着将数字经济发展和产业结构升级看作是一个系统,数字经济发展子系统和产业结构升级子系统之间相互作用、相互影响,形成一个动态循环演化。根据理论分析,可以将协同机制分为两大类:第一,直接机制。具体表现为,数字经济和产业结构均能够通过自身的发展和升级,促进新型数字产业的产生和发展,促进传统产业数字化,提升产业增加值,作用于产业结构的调整过程,并最终进一步促进数字经济发展和产业结构升级。第二,间接机制。数字经济发展和产业结构升级都会增加需求因素,改变原有的供需平衡,激发技术进步,在政策的引导、扶持下,作用于实体经济和各个产业中,有利于产业结构进一步升级和数字经济发展。具体的协同效应发挥机制如图 5-1 所示。

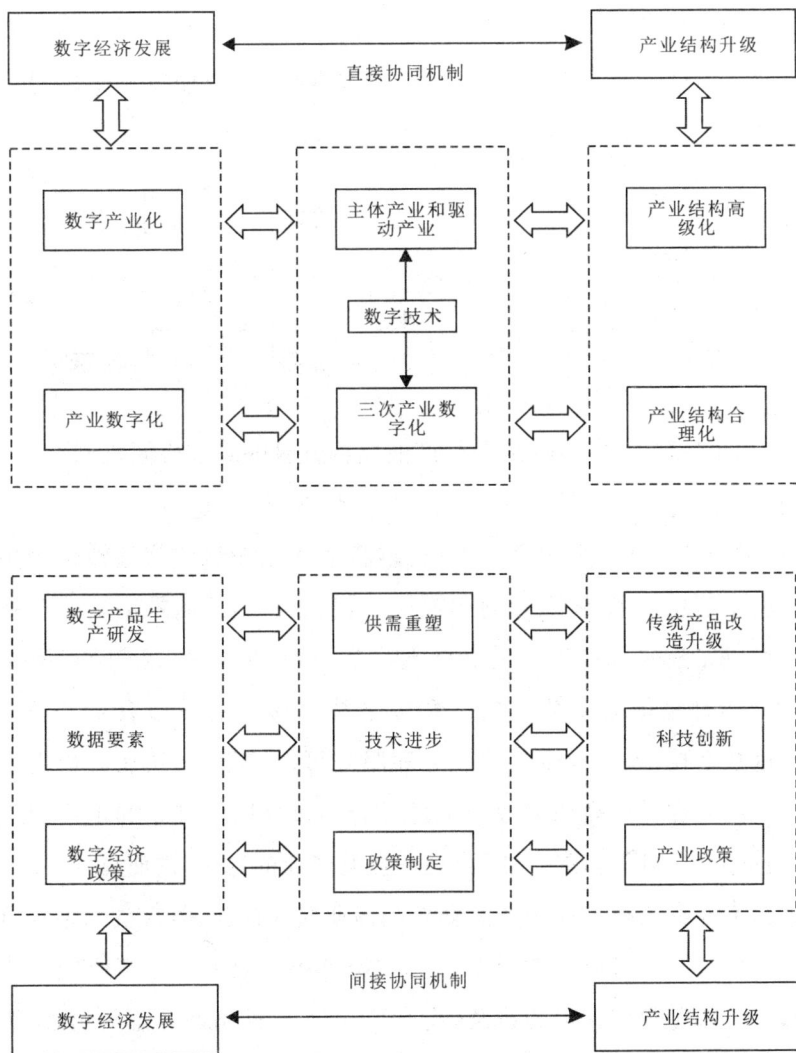

图 5-1　数字经济发展与产业结构升级的协同效应机制

（一）数字经济发展与产业结构升级的直接协同机制

数字经济发展的引擎和动力是数字技术,新型数字技术的产生和升级,本身就会促使新型产业的生成和发展,如大数据、云计算、5G 等,从而促进产业结构调整,进而引起产业结构升级。数字技术作用在传统三次产业中,促使传统产业改造和产业融合,从而促进产业结构升级。产业结构升级,也会导致产业的调整,新产业的生成、产业之间协调、整合等,其中往往伴随着数字技术的产生和发展,数字技术嵌入产业结构升级过程中,促进了三次产业数字化和数字产业的发展,进而促进数字经济的发展,如图 5-2 所示。

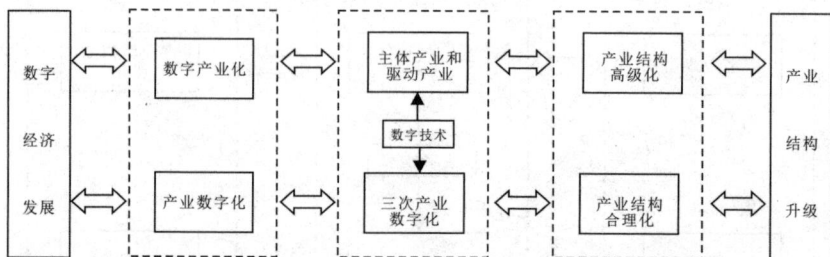

图 5-2　数字经济发展与产业结构升级的直接协同机制

1.通过生成数字经济产业等新型产业产生协同效应

数字经济发展利用数字技术,通过将数字化知识和信息转化为生产要素,利用信息技术、管理和商业模式的创新融合,不断推动新兴产业的发展,形成完整的数字产业链和产业集群,例如大数据、云计算、人工智能、VR 等,都是依赖于数据要素和数字技术形成的新型数字产业。首先,通过数字技术,原本孤立的产品和服务可以被整合,从而创造出全新的、具有革命性的产品和服务。这种融合不仅可以促进新的生产门类和部门的形成,还可以拓展产业的范围,提升产业的层次,进而形成新产业。其次,数字技术往往带动着产品创新和商业模式创新,数字技术本身具备一定的学习能力,可以有效提升产业结构升级的效率。在商业应用模式创新方面,随着数字技术的普及,线上线下融合、网络新业态的出现,为传统产品的改良、价值的挖掘、衍生的可持续性增长提供了强大的推动力,同时也为新兴产业的形成、发展奠定了坚实的基础,推动着各个行业的融合与多样化的发展,进而促进产业结构升级。总之,数字经济发展将数据要素产业化、商业化和市场化,通过数字技术颠覆传统市场主体的盈利模式,催生出各类数据产业,推动社会生产力发展和生产关系变革,促进新型数字经济产业发展,进而促进产业结构升级。

产业结构升级的特点是第三产业的质量和比重不断增加,三次产业之间协调发展,本质上是内在技术的发展。内在技术的发展引发数据要素的流入,促进新一代数字技术的产生和发展,显然,数字技术依然起到关键性作用。在数字技术发展的背景下,数字技术嵌入产业结构升级过程中,即将数字化技术与实体经济结合,促使不同产业之间的技术经济关系得以重塑,提升数字化技术的共享性与学习性,促进知识与技能的传播,推动类似产业的空间集聚,有效分配产业资源,优化市场要素,拓宽可以进行数字化转型的领域,使得产业结构更加完善,为数字化转型提供更多的机遇,最终形成新的产业、新的商业模式;随着新一代数字技术的普及,数据已经成为企业发展的重要基础,它不仅可以在企业内部流转,还可以通过市场交易流通,从而形成各种数据资产和数据产品,使得信息的传播更加便捷,同时也促进了数字产业链的完善,推动形成数字化的新型产业,即数字经济产业。此外,产业结构升级意味着工业制造业和第三产业的经济占比比重变大,而数字经济产业往往以含有高新技术的工业制造业和服务业为主,例如 ICT 产业,从而进一步推动数字产业的发展,促进数字经济发展。

2.通过传统三次产业改造和融合产生协同效应

数据要素打破产业边界,为传统产业与数字技术的融合提供了基础,强化了数据资源的价值,利用数据这一种先进的生产要素,可以优化传统的资源配置和组织结构,从而实现对传统行业的全面升级和改造,引导传统产业向价值链高端环节突破,促进传统三次产业数字化发展,也意味着促进数字经济发展和产业结构升级。

(1)传统三次产业改造

通过数字技术对传统产业进行数字化处理和数字化应用,会改变传统行业的生产模式、商业运作以及管理结构,从而实现重大转型,以此来改造传统产业。即把数字化技术嵌入传统产业生产、经营、销售、售后等活动中,利用大数据、智能设备和人工智能等新技术,可以迅速整合信息,精确分配生产任务,推动传统产业的智能化加工制造,提升生产、经营和销售等环节的技术水平,大大提高产业生产效率和劳动生产率,有效提升资源利用率和经济社会运行效率。首先,就生产环节而言,通过对产业的生产经营活动进行数字化处理,有效地利用资源,不断提升生产效率和产品质量,将低附加值的产品转变为高附加值的产品,实现产业链的智能化和数字化,以满足市场需求。其次,在经营和销售环节,通过数字化处理,企业可以大幅降低经营和销售成本,提高效率。随着大数据、云计算和人工智能技术的发展,网络维护成本也在不断降低,这有助于企业在整个经营和销售过程中节省成本,提升产品销售量。通过应用数字化服务模式,可以大大减少无效沟通,同时降低成本支出。随着数字技术的不断发展,售后服务的效率也得到了极大的提升,消费者的反馈也变得更加及时、准确,从而使得生产者和经营者能够根据客户的需求,及时调整产品的质量,从而提升市场竞争力,使得生产效率高、产品质量好、技术含量多的产品更有竞争力,形成一个良性循环,从而带动产业结构升级。

在传统产业改造的过程中,各个产业部门运用数字化方式解决生产制造中的问题,并将数字化技术应用到传统产业生产制造流通产出过程中,数字技术使得生产要素数字化、生产设备数字化、业务流程数字化、最终产品数字化、服务数字智能化;应用到三次产业中,则主要促进农业数字化、工业制造业数字化和服务业数字化,推动产业数字化发展,进而促进数字经济发展。

(2)传统产业融合

数字经济由于其无边界性和强渗透性,可以大大改善各行各业的信息传播,缩短产业链的搜索和交易周期,缩小生产者与消费者的差距,促进各行各业的融合,加快发展新的商业模式,使产业结构变得更加复杂,提高融合的效率,缩短融合的周期,丰富融合的内涵,实现产业融合发展。传统行业逐步被数字化技术所取代,从而形成了新的商业模式和服务。例如,互联网金融、在线教育、移动医疗、网络新闻、网上约车、电子商务、网络金融和智能物流等。可见,将数字经济融入传统产业中,突破传统的三次产业发展模式,改变了市场的分割状况,使得资源的有效配置和自由流动成为可能,消除了各个行业之间的障碍,推动各行业的融合发展,建立起一个全新的产业链,从而推动产业结构的优化升级。

利用数字技术建立起上下游供给链的桥梁,借助工业互联网的支持,实现经济主体之间的全面融合,优化供应链的结构和组织模式,突破行业的界限,使各个部门、行业不断进行融合、调整,赋能传统产业改造升级,推动传统行业效率变革,达到了对产业数字化的提升作用,即促进了数字经济发展。

(二)数字经济发展与产业结构升级的间接协同机制

数字经济发展与产业结构升级的间接协同主要通过供需重塑、技术进步、政策制定三个方面产生,如图 5-3 所示。

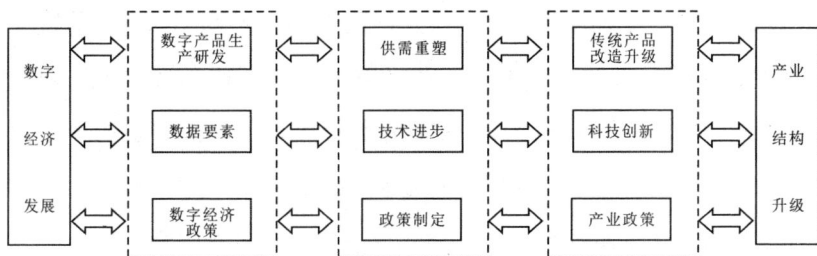

图 5-3　数字经济发展与产业结构升级的间接协同效应机制

1.通过供需重塑产生协同效应

随着数字经济的发展,消费者的消费习惯和方式将发生巨大变化,数字技术将推动新的消费模式和服务业态的出现,改变消费的性质,使产品和服务发生变化,从农产品、工业产品到几乎所有的服务,包括农业、工业、零售、金融、医疗等行业都发生了巨大变化,特别是在线支付、新零售、平台经济等新型业态,提供了更加优质的数字化服务,满足了消费者的需求,重塑了市场需求,为相关数字产业的发展带来了巨大的市场需求。这种需求倾向的变化将推动产业结构的改变,使得产业结构变得更加复杂,从而改变了产业比例关系,提高了劳动生产率。随着劳动生产率的提高,产业产值比重也得到了显著增加,从而推动了产业结构的升级。

产业结构升级也意味着三次产业的供给需求协调,拉动内需,打破现有的供需结构均衡,形成新的消费需求,伴随而来的是生产和消费结构的转型升级,给生产生活带来全面革新,有利于形成新的信息产品庞大的消费规模。例如智能设备由电脑、手机向智能可穿戴设备、无人驾驶汽车、智能家居延伸,开辟了数字产品的市场空间,激励企业生产研发和生产新型数字产品,促进新型数字产业的产生和发展,从而促进数字经济发展。

2. 通过技术进步产生协同效应

无论是数字经济发展,还是产业结构升级,本质上都伴随着技术的进步。技术的突破性进展应用于各个行业,可降低成本,扩大消费者的需求,降低各个部门和行业进行数字化转型的门槛。数据要素成为关键生产要素,且具有无边界性、高流通性、强渗透性,随着数字技术的不断发展和进步,数据要素逐步渗透各个行业,并且影响力不断扩大,使得越来越多的行业开始依赖数字技术来改善生产效率。各部门和行业之间的协作也变得更加紧密,量变带来质变,技术的革新提升了社会的生产和运行效率,使得国家正在迈向数字化社会的新阶段。在此过程中,由于传统的工业和农业比重下降,而新型产业比重增加,生产力和生产关系的不断优化和改进,产业结构因此得到升级,从而形成良性循环。

3. 通过政策制定产生协同效应

由于数字经济在现今国民经济发展中的重要作用,国家制定了相当多的数字经济政策,大力推动数字经济发展。2021年,《中华人民共和国国民经济和社会发展第十四个五年规划和2035年远景目标纲要》专篇部署"加快数字化发展,建设数字中国",《"十四五"国家信息化规划》《"十四五"数字经济发展规划》等一系列重要战略规划相继出台,各地区各级政府扎实推进数字基础设施、数字政府和数字社会建设,积极响应数字经济发展号召。

产业作为国家经济发展的基础和核心,一直以来都是国家重点关注发展的对象,我国目前产业政策主要是坚持供给侧结构性改革,推动技术和创新发展,实现从要素驱动型到创新驱动型的转变,发展先进制造业和高新技术产业。其中数字经济产业作为新型高新技术产业受到国家大力推崇和支持。因此,数字经济政策和产业政策其实是相辅相成的,在国家政策的支持和驱动下,数字经济和产业均得到快速发展。数字经济发展和产业结构升级带来的经济效益的提高和对国家经济的助力,又会进一步促使国家继续出台相应政策,从而更进一步促进数字经济发展和产业结构升级。

第六章 产业数字化转型研究

第一节　产业数字化转型的战略要义

数字化的迅速发展促使云计算、大数据、人工智能等新一代数字技术的发展一日千里,数字经济这种新型经济发展形态也应运而生。21世纪以来,消费互联网的繁荣推动了我国数字技术的创新和数字企业的快速成长,为数字产业的发展提供了关键性契机。

在数字技术的应用逐步走向融合发展和我国持续深化供给侧结构性改革的同时,加快数字技术与实体经济融合发展的步伐已经成为共识。实体经济是我国发展经济的着力点,也是我国在国际竞争中获得主动权的根本。数字化冲击是无所不在的,数字化重塑是在所难免的。

对体量大、涉及面广的传统产业来说,数字化转型就是借助数字技术对产业进行多角度、全方位、全链条的革新。随着在生产、营销、管理和运营等各个环节中深入应用数字技术,企业和产业层面的发展逐步走向数字化、网络化和智能化,并且持续强化数字技术对经济发展的叠加、放大、倍增作用。数字技术的应用是传统产业在质量、效率和动力上实现变革的重要路径,也是促进我国经济发展更加高质量的必经之路。

一、传统产业数字化转型是深化供给侧结构性改革的重要抓手

我国当下的经济运行矛盾的分布重点在供给侧,主要体现为产能大

量过剩和有效供给严重缺乏,企业难以有效满足消费者对产品和服务的需求,难以兑现生产活动的市场价值,无法让经济运行做到良性循环。

现在的传统产业领域中,需求乏力、产能过剩、竞争过度、品牌效益不明显等众多问题日渐凸显,由此可见,传统产业进行转型升级必须深化供给侧的结构性改革。跟随消费升级的走向,基于产品和服务的数字化、智能化,推动传统产业向数字化产业转型升级,缩减低端无效供给并发展新动能成为深化供给侧结构性改革的首要着力点。

数字化转型必须在传统产业发展中充分发挥数字技术的赋能引领作用,利用开发智能化的产品、满足个性化的消费需求、进行在线企业服务等新业态和新模式,实现企业产品的质量和企业服务的效率的大幅提升,彻底激发传统产业的活力。

二、传统产业数字化转型是制造业高质量发展的重要途径

改革开放后,我国的制造业获得了长足的发展,但仍有许多制造业企业存在发展水平低下的问题,在土地、人口、技术等资源环境的限制下,综合成本不断上涨。制造业中超过 80% 的产业是传统产业,通过改造、提升传统产业来推动制造业高质量发展存在巨大的潜力和市场空间。

大量实践表明,数字化转型能够叠加网络化、智能化与制造优势,能有效提升生产制造的精细性和灵活性,使生产方式更加柔性化、智能化、绿色化。

第二节　产业数字化转型的发展趋向

传统产业进行数字化转型是为了借助数字技术攻克企业和产业在发展中遇到的难关,重新对产品和服务进行定义和设计,实现业务转型、产业创新和效益增长。在实践方面,提升企业在价值创造、数据集成和平台赋能方面的能力将是传统产业进行数字化转型的重要趋势。

一、从生产驱动到以消费者为中心的价值创造

与传统经济形态相比,数字经济市场条件变化巨大。市场环境中的产品大多存在供过于求的情况,传统产业中由供给关系指导的商业模式日渐衰落,将消费者需求作为核心的价值创造逻辑逐渐兴起。数字化既作为关键性技术支撑企业生产不断优化,也是企业满足消费者需求、连接市场、提升服务质量的关键渠道,其作用主要表现在以下五个方面。

第一,借助互联网平台和大数据等新兴技术能够深入把握消费者需求,将单一的产品升级为产品＋服务的模式,为消费者越来越多样化的需求提供全面解决方案。

第二,以智能制造为基础推动柔性化生产,实现针对消费者需求的个性化定制。

第三,以智能产品为基础建立涵盖全生命周期的服务体系,以监测、整理和分析产品使用中的数据的方式提高企业服务附加值。

第四,以互联网社区和众创平台为基础支持消费者参与产品设计当中,消费者及时向企业反馈自身的需求、感受、经验和建议能够为企业带来更广泛的影响力。

第五,以数字化的价值创造为基础,企业价值链将会转化为包括制造业价值链增值环节和服务业价值链增值环节两部分的融合型产业价值链。

二、从物理资产管理到数据资产管理

数字经济发展的核心生产要素是数字化的信息和知识。企业利用数字化能根据物理世界创造一个与其对应的"虚拟世界"置于网络空间当中,在虚拟世界中进行模拟并指导物理世界的行为决策。在数据规模越来越大的同时,处于数字化转型中的企业在加强对数据资产的管理方面达成共识,越来越多的企业在资产管理中纳入数据。

一方面,数据资产的应用范围不仅包含传统的企业内部应用,而且在

发展内部的同时也服务于外部。越来越多的企业开始认同"数据即资产"的理念,将挖掘数据价值、释放数据价值、推广数据应用以及扩展数据服务作为企业经营的关键动力来源。另一方面,许多企业认识到不是所有的数据都可以成为资产,在大量引入外部数据并持续累计内部数据后产生的数据质量低下、数据规模扩大、数据应用欠缺、业务间数据融合度低等问题都将增加企业的运营成本。因此,企业的首要任务是合理规划数据的采集、加工、筛选、应用、存储等各个环节,以数据加工的全链条为基础建设数据资产治理体系,提高数据资产价值并以运营化发展的方式进行数据资产的管理。

三、从内部数字化到平台赋能的产业链协作

从实践来看,在工业互联网方面增加投入的重要行业中的骨干企业和互联网领军企业越来越多。这些企业不仅加快自身的数字化转型,还把在数字化实践过程中取得的经验借助平台建设赋能给中小企业,对产业上下游的相关主体形成支撑。

2020年,我国工业互联网平台发展迅速,综合型"双跨"平台获得各方高度认可,海尔、东方国信、用友等十大"双跨"平台平均接入工业设备达到140万台/套、工业App数量超过7000个、服务工业企业超过1万家,具有一定影响力的特色平台近100家。

物流、生产、设计等制造资源和运营服务、设备管理、生产制造、产品设计等数据资源都能在这些工业互联网平台上汇聚共享,针对不同场景应用创新并持续开拓行业价值空间,彰显出平台对中小企业数字化转型进行赋能的显著效果,加快了传统行业数字化转型的整体进度。

第三节　产业数字化转型面临的问题

我国产业数字化转型虽然取得了一定的成果,但也面临不少问题,具体如下所示。

一、企业认识不到位，缺乏方法论支撑

数字化既更新了工业领域的技术，也革新了战略、运营、组织和经营理念等各个方面，产业数字化转型需要对全局进行谋划。当下的许多企业都有强烈的数字化转型意愿，但因为缺少明确的战略目标和清晰的实践路径，大多还处于考虑生产端如何引进先进信息系统的阶段，缺乏对企业发展战略的高度谋划，无法统一企业内部尤其是各个高层管理者的意见。

不仅如此，数字化转型还需耗费大量的时间、财力、物力和人力，在技术、人才培养、业务能力建设等方面也面临着巨大的挑战，这就要求企业必须做到全局的有效协同。目前许多企业缺乏强有力的制度设计和组织重塑，各部门之间没有明确划分数字化转型的职责和权利，没有建立起可行的配套考核和制度激励。大部分企业中担任数字化转型工作的仍旧是原有IT部门，没有专门成立数字化转型组织来对业务和技术部门进行协调，无法系统化解决数字化转型如何落地的问题，限制了相关业务发挥价值。

二、数据资产积累薄弱，应用范围偏窄

数字化转型是企业持续积累并应用其数据资产的过程，而数据资产是数字化转型过程中的关键资源，因此，如何加工数据、利用数据并释放数据是企业必须思考的重要问题。

现在大部分企业还未进入行动阶段，仅处于数据应用的感知阶段，并没有建立起涵盖全产业链、全流程、全生命周期的工业数据链；各个业务系统中都分散着"数据孤岛"般的内部数据资源，尤其是过程控制层和底层设备层难以实现互联互通；外部数据融合度低，对数据的分布与更新难以及时全面感知。目前多数企业由于受到数据的规模、种类和质量的限制，刚刚进入数据应用初期，且大多在风险控制、精准营销和舆情感知等有限的场景中应用，并没有针对业务转型展开预测性分析和决策性分析，

也没有深挖数据资产的潜在价值。大数据与实体经济还未进行广泛深入的融合,亟须拓展新的应用空间。

三、核心数字技术及第三方服务供给不足

传统产业数字化转型的成本比较高,一方面,国外垄断了开发工具、嵌入式芯片、底层操作系统以及关键工业软件等高端技术,国内的企业由于缺乏核心数字技术,对相关产品的进口有着很强的依赖性。另一方面,缺乏能够"总包"架构设计、战略咨询、数据运营等各项关键任务的第三方服务商。当前广泛存在于市场中的通用型解决方案难以满足客户对个性化和一体化的要求。更关键的是,当前市场上针对大数据、软件、云计算等业务的服务商参差不齐,在没有确切行业标准的前提下许多中小企业难以做出正确选择。例如,中国信息通信研究院在云计算领域的调研中发现,当前云服务商的安全服务能力良莠不齐,许多云服务商缺乏完善的数据备份机制和密钥管理策略,且业务安全风控能力较低,容易泄露用户数据。

四、数字鸿沟明显,产业协同水平较低

传统产业仍旧存在数字化发展不平衡、不充分的问题,大部分中小企业的数字化程度比较低,缺少网络化和智能化基础。即便有强烈的数字化发展意愿,但由于人力和资源的限制,大多数企业依旧无能为力,大中小企业的数字化发展之间存在巨大的鸿沟。这也使我国与发达国家相比,产业互联网生态建设更加迟缓,在功能完整性、行业覆盖面、模型组件丰富性等方面也稍显落后。领军企业在建设工业互联网时的主入口依旧是内部综合集成,各条产业链间的业务协同并未达到预期,在用户、数据、制造能力等资源方面,平台并未达到足够的社会化开放程度。许多中小企业在参与数字化合作时依旧对安全性有较大的顾虑,这在一定程度上限制了资源共享和业务协同在效率和水平方面的提高。

第四节　产业数字化转型的实施路径

一、以智能制造为重点推动企业数字化转型

由于我国传统产业多是制造业,企业在进行数字化转型时也会将推进智能制造作为主攻方向。借助"机器换人"和智能化改造的方式对传统制造方式进行自动化、网络化和智能化水平的全面提升,并在此基础上延伸出智能化生产、个性化定制、服务型制造以及网络化协同等新模式、新业态,具体来看就是要做好以下四点。

第一,加强企业的数字化技术改造,借助云计算、物联网和自动化控制等新兴技术,优化更新机器设备和生产流程等生产要素,建立起"无人车间"和"无人工厂",帮助企业由单机生产转向网络化、连续化生产,大幅提高企业的生产效率和产品品质。

第二,对中小企业的工业互联网实施基础性改造,推进部署低成本、模块化的设备和系统。支持并促进"企业上云",从提高企业发展能力和化解实际业务难题出发推进设备联网、核心信息系统、核心信息业务和数据集成上云,深入强化云应用。

第三,切实推行智能制造新模式,联通中小企业在生产过程中的各个环节的全数据链。大力支持企业深挖数据价值,推动设计、生产、仓储、物流等环节实现高效协同,将大规模定制作为引导,根据消费者需求创建能够高效反馈的生产运行管理体系,有效提升制造业发展模式的变革速度。

第四,发展一部分工程技术服务企业。针对重点行业建设智能工厂、智能车间、智能生产线以及智能制造单元,以示范推广和技术对接的方式促使企业运用智能化装备和先进技术,推动企业对存量装备进行智能化改造的进程,提升企业的智能制造水平。

二、以平台赋能为重点推动行业数字化转型

重点行业的数字化应在 ICT 领军企业、制造业龙头企业和互联网平

台企业的引领下,以行业特点和运作方式为基础,采用共享数据资源、完善运营机制和选择不同作用点、不同重点、不同方法的方式实现转型,具体策略如下:

第一,加速建设自主可控的数字化赋能平台,在重点行业中广泛应用工业互联网平台。发展强化部分企业级、区域级、行业级平台和具备国际竞争力且跨行业、跨领域的工业互联网平台,建设特色化的工业互联网平台和应用体系,融合先进制造业和互联网创新实现高速发展。

第二,加快工业互联网共享关键资源和工具的步伐,增加投资,为中小企业提供更好的服务,利用工业互联网平台资源为中小企业提供更加便捷的数字化途径。针对研发、市场、产品、企业、行业等数据资源建立分类分库的软件工具库、数据模型库和行业信息库,便于企业协同对接数字化资源。鼓励开发适用于中小企业的设计和制造,支持中小企业采用以采购、设计、营销等环节为中心的供需对接、众包众筹、产业电商和集成供应链等应用,以中小企业应用大企业建设的平台的方式实现双轮驱动,促使产业链中的各个环节形成良性互动并有更好的发展。大力推进工业App 的创业创新,持续为工业技术软件化应用提供多样化的解决方案。

第三,发展出部分以数字化平台为基础的虚拟产业集群,对整个社会的创新创业资源进行深入挖掘,以人工智能、网络安全、硬软件开发和大数据应用分析等大赛为依托,创建核心是工业 App 架构和新型工业操作系统的智能服务生态,使数字化产业当中的大中小企业均能竞相创新、各具优势、梯次发展,产生新的数据驱动增长点。

三、以生态建构为重点推动园区数字化转型

产业发展的关键性载体是产业园区,它在促进体制改革、引导产业集聚和改善投资环境方面有着至关重要的作用。传统产业园区大多存在管理效率低、运营模式旧、配套服务差等缺陷,无法带动产业发展,也难以产生产业集聚效应。

企业若要对传统的组织方式、生产方式以及管理方式进行革新,推动

传统产业向数字化转型,应通过数字化改造园区的方式对各类产业平台进行整合提升。基于园区管理和运营平台,围绕产业服务平台和大数据运营平台推动园区数字化建设,将传统产业园区转向智慧园区,既能为传统企业提供全方位的有效服务,还能加快培育相关新动能的进程,塑造良性循环的数字化生态,具体策略如下:

第一,完善园区数字化基础设施,运用数字化手段对园区的设计、规划和建设等方面进行管理,以整合信息技术和各类资源的方式在园区建设与运营的每个环节中渗透"智慧",实现多层面分析园区的整体数据,提高园区的智慧管控水平和服务水平。

第二,以企业的发展需求和人才的精神需求为中心,大力推进小微园、特色小镇、产业园区、产业集群等数字化转型,促进工业园区数字化服务平台的广泛应用,快速探寻出能够促进产业升级的大数据解决方案,规划并创建部分示范性数字化小微企业园。

第三,针对园区企业进行数字化转型时的共性需求,根据数字化规律和特点,基于原本的公共平台,推动政府、企业、金融机构、高校院所与中介机构等进行紧密合作,研究基础共性技术,创建、提升并融合测试认证、应用示范、人员培训等各环节的支撑体系,从根本上缩减中小微企业的数字化成本。

第五节　产业数字化转型的对策建议

一、加快建设数字技术高效供给体系

要加速建设数字经济创新平台载体和提高技术创新水平,其中原创技术和基础理论研究的创新水平需要着重提高,应创建并扶持部分具备优势的特色学科和专业,强化对大数据、云计算和人工智能等数字技术的基础研究。

着重关注未来的网络、机器人、智能制造、边缘计算、无障感知互联、泛在人工智能与泛在信息安全等重点领域,对世界范围内的人才和平台资源优势进行联合重组,与全球顶尖的科研机构和人才团队进行合作,破解核心技术难关,推动部分示范应用工程和重大科技攻关专项的实施,加快研发和创新具备原创性、融合性的数字技术,争取在人工智能、工业软件以及集成电路等领域中获得许多原创性、标志性的创新成就。

鼓励企业以技术创新为主体创建具有行业影响力的高水平企业技术中心,引领企业踊跃参加国家在数字经济领域的大科学装置建设、大科学工程、核心技术攻关以及国内标准甚至国际标准的制定。

二、着力解决数字创新人才紧缺问题

第一,针对数字创新人才确立相关能力素质标准。以企业对人才的能力需求为基础,制定各级数字技能人才的风险管控和业务运营等跨界能力以及专业能力的标准,将数字专业技术人才融合进各传统行业中,并完善以能力水平为基础的数字技能人才职业化等级台阶设计,点明数字技能人才的成长路线。

第二,加强校企合作和政企合作,以建设企业大学和企业培训基地等方式支持各高校以市场的人才需求为依据开展相关课程,以推进企业与高校共同设置课程、设计教学、开发实训课程等方式,提早培养精通经营管理和信息技术的"数字工匠"。

第三,行业协会、咨询公司和培训机构等第三方组织充分发挥对数字技能人才培养的作用,由第三方的专业组织在一定程度上承担继续教育、资格评定以及国际交流合作等工作,推进构建有效融合行业规制和政府规制的数字技能人才培育体系。

第四,积极创建良好的人才引进和培养环境,针对人才的引进、培养、使用、评价、激励和保障制定灵活有效的政策。

三、强化传统产业数字化转型政策支持

政府作为传统产业进行数字化创新的"后台服务器",要提高服务水平和政策精准度,针对传统产业的数字化发展制定相关政策意见和配套

政策,对金融、财税、土地、人才等政策要素进行联合重组,大力推进传统产业的数字化转型。

在财税上,要加强统筹财政专项资金,增加各级财政部门对传统产业数字化转型的资金投入,大力支持数字经济领域中的试点示范、重大平台以及重大项目。研究设立传统产业数字化发展基金,和社会资本共同设立关于数字经济发展的投资子基金,以市场化的运作方式经营各级政府产业基金。对于数字经济领域中的软件和集成电路,要积极贯彻相关税收支持政策以及重大技术装备首台/套政策等惠企措施,确保政策能够有效实施。

在人才上,要建立健全人才激励机制,鼓励设置股权激励、设置科技成果转化奖励试点,支持相关企业以这些方式招揽核心团队和人才。不仅如此,还要完善并保障传统产业在数字化转型时的用能、用地、创新、排放等要素资源。

四、积极部署新一代信息基础设施

我国新型基础设施主要由 5G、物联网、人工智能和工业互联网等数字化设施组成。在企业对工业网络的需求呈现高可靠、低时延、广覆盖的特性时,必须快速升级 IPv6、5G 等新一代信息网络,对云计算、工业互联网等新型信息基础设施的架构进行强化,加快智能化改造传统基础设施的速度。为积极推进新一代信息基础设施建设,我国要采取以下三大策略。

第一,快速推进 5G 布局和商用,统一筹划 5G 基站建设和网络布局,力求高度融合 5G 与大数据、人工智能、工业互联网等,产生典型行业、企业的示范效应。

第二,在工业互联网领域推动 IPv6 的广泛部署和应用,激励重点工业企业和典型行业实施工业互联网 IPv6 网络化改造,使互联网在承载能力和服务水平方面得到提高。

第三,支持运营商为工业领域的企业,尤其是其中的中小企业完善网络专线建设,精简接入手续,进而缩减资费。

第七章　实体经济的数字化转型

实体经济是一国经济的立身之本、财富之源,在整个经济体系中占据着极其重要的地位。实体经济与新一代信息技术的深度融合,加快了实体经济的数字化转型,从根本上改变了经济发展模式,重塑了全球产业链。在智能新时代,传统的实体经济要拥抱新技术,积极迎接数字化转型。

第一节　农业的数字化转型

农业是人类衣食之源、生存之本,是一切生产的首要条件,为国民经济其他部门提供粮食、副食品、工业原料和出口物资。同时,农业也是与人们生活最息息相关的实体经济。数字技术和智能技术被推广运用到农业产业中,引发了数字田园、数字牧场、智慧农业等一系列农业数字化转型,深刻改变着农业的面貌。

我国目前已成功地将现代电子技术、控制技术、农机工程装备技术集成应用于精准农业的智能装备中。在农业生产中也经常应用自动导航技术、播种监控技术和农药变量喷洒技术等。除此之外,新能源的应用也逐渐转向农业领域。可以说,我国农业的数字化发展现状是良好的,但全方位、全覆盖地实现农业数字化转型还有待进一步提升。

精准农业是指在现行农业生产方式的基础上,利用卫星导航、遥感、地理信息系统等现代空间信息技术,实现农业生产精准作业的一种生产方式。它从技术上保障了农作物生长需求与农业生产要素投入的及时、定位、平衡,构建了资源节约和环境友好型的生产方式,可以说是现代农业数字化转型的动力和载体。

之所以要在数字经济时代倡导精准农业,是因为精准农业是农业现代化的重要表现形式,是数字农业发展的实现路径,也是数字经济发展的本质要求。具体来讲,与传统的现代农业方式相比,精准农业不仅节约了资源,降低了成本,减少了排放,而且成功地构建了绿色农业生产体系和实现了农业的可持续发展。目前,我国发展精准农业的基本条件已经成熟,形成了空间基础设施、农业空间数据和大数据分析系统的有利条件,需要进一步加强数字经济和数字农业知识的宣传普及,提高数字农业发展必然性、规律性的认识,加强精准农业的示范应用,加快数字农业经济体系的构建速度。[①]

在数字和智能时代,我们所讨论的一切根本前提都是要数字化,但即使机械代替了人力,如果没有具有高数字素养的人力,机器也无法工作。因此,未来农民的内涵将发生重大变化——更加专业化、职业化、年轻化,高学历,懂农机,掌握新一代信息技术和人工智能技术,更易接受新生事物。整个“农民”群体将逐渐分化:越来越多有农业专业背景的大专院校毕业生将从事田间管理;未来懂操作农机、维修农机的劳动力需求越来越多;未来农民更懂市场,有互联网和大数据思维的新农人将从事农业的营销、流通相关工作;老一辈会逐渐淘汰,或从事基础性工作。与此同时,专业大户、合作社、公司将会越来越多,并发挥更加重要的实际作用。在北方地区,尤其是东北地区,生产经营主体将以专业大户为主,而合作社将变得更加规范化、实心化,公司下乡将不再急功近利化。

随着我国人口红利的逐渐消失,以及资源环境约束压力下的粗放式发展难以为继,农业科技将成为农业领域发展的主动力、主引擎。使用了基因工程技术的产品,在抗病、抗虫、抗旱、抗逆性等方面都比传统作物要

---

① 刘海启.以精准农业驱动农业现代化加速现代农业数字化转型[J].中国农业资源与区划,2019(1):1—6+73.

优秀,既可以大幅提高作物产量,也能提高产品品质。如果我国公众能更科学、理性地看待这项技术,则政府放开转基因作物种植的步伐将会更快。

目前,植保无人机在农村已成星火燎原之势,尤其是在湖南。因为湖南属于丘陵地区,且田块分散,过去农民靠背负式喷雾器打药费时费力还比较危险,如今有了无人机植保技术,对农民帮助很大。虽然无人机植保目前仍存在药剂漂移、大风改变作业轨迹、电池续航差等问题,但有理由期待,在未来的农业植保领域,无人机将发挥主要作用。

用互联网、人工智能、大数据等新技术能更好地帮助养殖场实现科学化管理,同时也会为未来科学养殖技术的突破提供数据基础。

智能养殖的手段包括通过传感器实时监测温度、湿度、粉尘、氨气量、氮气量等,改善牲畜的生活环境;在物流环节,运用测温等技术,还能对运输中环境卫生的变化进行监控。新技术的加入能够更好地控制牲畜的生长过程、健康状况,排除影响人类生命安全的疾病因素。同时,智能化的运营方式提高了生产率,减少了成本,使肉类价格也能保持在合理的波动区间。

农业生产方式、经营主体的变化,也在倒逼流通形态不断进化和升级,传统的农资厂商、经销商也在谋求转型,农资电商也逐渐成为农业流通体系的有效补充。

阿里巴巴的普惠式发展实践始于 2009 年电商消贫。其核心思路就是用商业模式扶持贫困地区经济发展,通过电商赋能使贫困地区具备致富脱贫的能力。

2015 年,832 个国家级贫困县在阿里零售平台上,完成销售 215.56 亿元,同比增长 80.69%。贫困地区根据自身实际,充分利用互联网平台,实现数字化经营:有的依靠传统产业线上转型;有的依靠本地资源,将土特产品卖向全网;有的根据需求找资源、促生产,实现增收脱贫。

阿里巴巴除了提供消费品下乡和农产品进城的双向商品服务外,还在农村地区展开了众多生活服务的创新实践。譬如,农村淘宝搭建的

18000个村级服务站,通过与当地联通、电信等运营商合作,为村民提供充值、上网等服务,通过与支付宝合作,给村淘合伙人授信,为村民提供生活缴费、小额提款等服务。此外,还帮助农村建立起电商基础设施,包括交易、物流、支付、云计算等。未来各类经营主体、创业者都可以借助这些基础设施,为农村和农民带来了更丰富的信息化服务。

农村各类经济主体和大型电商企业协同发展的格局初步形成,对农村,特别是贫困地区的经济发展、农民收入的增加和生活的改善发挥了积极的作用。中国农村电商的成功经验均可复制、可推广,实现农村发展和共同富裕。

第二节 制造业的数字化转型

制造业是国民经济的主体,是立国之本、强国之策,更是实现创新驱动、抢占未来的关键制高点,决定着实体经济的质量和效益。只有做强中国制造,才能振兴实体经济。

我国制造业的规模巨大,已经成了世界制造业的第一大国。一方面,经过改革开放40多年的积累和发展,我国制造业综合实力和国际竞争力显著提高,制造业带动就业的效果也十分突出,它的发展可缓解交通运输、批发零售、住宿餐饮等各行业的就业问题。另一方面,制造业也是创造社会财富的主要源泉,已经成为国家安全的保障和国防实力的重要支撑,成了人民幸福安康、社会和谐稳定的物质基础,是实现我国工业化、信息化、城镇化、农业现代化同步发展的主要推动者,对国民经济和社会发展做出了重要贡献。

作为实体经济的骨架和支撑,制造业也是振兴实体经济的主战场。随着"互联网＋""大数据＋"和"智能＋"的推进,数字技术和制造业的深度融合成为必然趋势。大力推动制造业数字化转型,不仅有助于经济转型升级,而且有助于培育经济增长新动能。

那么,面对数字经济时代,实体经济将如何转型升级?这里有三个关键:其一是拥抱不断革新的数字技术。全球新一轮的产业变革的重要特征是以互联网、大数据和人工智能为代表的新一代信息技术的持续创新,及其与传统产业的深度融合。互联网开放、共享、协同的特征正推动着制造业创新主体、创新模式的深刻变革。例如,工业互联网是制造业数字化转型的前沿技术应用,发展工业互联网也已经成为各主要工业强国抢占竞争制高点的共同选择。其二是开发新资源。随着经济的快速发展,也同时伴随着资源的滥用而导致枯竭,不当的尾料处理导致环境污染。数据资源的利用水平和成效,日益成为企业、国家拥有强大实力的证明。其三是营造良好的政策环境。企业创新能力、创业热情的进一步释放,有赖于营商环境的精心营造。

下面进一步探讨这三个方面如何能促进制造业的转型升级。

首先,拥抱新技术,促进制造业的数字化转型。以互联网为例,其之所以日益成为制造业转型的新动力,是因为互联网不断创新资源的优化配置,激发全社会的创新活力。移动互联网、工业互联网、开源软硬件、3D打印等新技术的应用,推动着创新组织的小型化、分散化和创客化,面向大企业及中小型企业的各类创新创业平台不断涌现,支持万众创新的产业生态正在改善。企业创新资源的配置方式和组织流程正在从以生产者为中心向以消费者为中心转变,构建客户需求深度挖掘、实时感知、快速响应、及时满足的创新体系日益成为企业新型能力。正是因为互联网发挥着这些特性,才有助于促进制造业的转型升级。

工业互联网是拓宽制造业新空间的重要引擎。处在产业发展前沿的工业互联网应用在不断拓展,规模也在不断扩大。工业互联网技术主要应用在产品开发、生产管理、产品服务等环节。工业互联网的主要应用模式和场景可归纳为四类:一是智能产品开发与大规模个性化定制;二是智能化生产和管理;三是智能化售后服务;四是产业链协同。在产品开发和服务环节应用工业互联网技术的企业,一般致力开发智能产品,提供智能增值服务;在生产管理环节应用工业互联网技术的企业,一般主攻发展数字工厂、智能工厂。目前,我国在产品和服务环节应用工业互联网技术的企业,远远多于在生产管理环节应用工业互联网技术的企业。工业互联网与传统制造业的融合发展,进一步提升了劳动力、技术、管理等要素的配置效率,增强了产业供给的能力和水平,这也将同时为经济增长持续注入新活力。[①]

互联网也催生制造业的新模式、新业态。制造业与互联网的深度融合,可以有效激发制造企业创新活力和发展潜力,也将产生诸多的新模式、新业态和新产品。其中,个性化的定制已经出现在人们的生活中。作为传统工业向智能制造过渡的重要标志,个性化定制是用户介入产品的生产过程,将指定的图案和文字印刷到指定的产品上,用户获得自己定制的个人属性强烈的商品或获得与其个人需求匹配的产品或服务。利用互联网和大数据平台,以及智能工厂建设,将用户需求直接转化为生产订单,开展以用户为中心的个性定制和按需生产,能够有效解决制造业长期存在的库存和产能问题,实现了产销动态平衡。

通过个性化定制,消费者深度参与生产制造全过程,传统的大批量集中生产方式向分散化、个性化生产方式转变,传统商品将被智能产品所取代,服务型制造逐渐渗入制造业之中,加快我国制造业从传统单一的制造环节向两端延伸,提高了产品附加值,推进制造业从生产型制造向服务型制造转变,对促进我国制造业转型和重构制造业产业体系具有重要价值。

其次,开发新资源,促进制造业的数字化转型。人口红利的消失、环境问题的严峻、自然资源有限,经济发展依赖的传统资源正在慢慢走向衰竭。在寻求传统资源高效利用的同时,新资源的开发也是刻不容缓的。大数据正是目前最为热门的新资源,数据挖掘、数据驱动都可以让生产运作、科技研发更加有效;数据孵化,让新产品和服务脱颖而出。中国拥有丰富的场景,在数据这一新资源的开发利用上具有得天独厚的优势。

另外,新能源汽车的开发也是制造业近几年发展得比较好的,我国汽车行业可以说逐渐迎来新拐点。随着 5G、车联网、人工智能、大数据等新

[①] 沈恒超.制造业数字化转型的难点与对策[J].变频器世界,2019(6):44—46.

兴技术的快速发展,各类品牌纷纷确立电动化、智能化为战略方向,并提出向移动出行服务商转型。

最后,营造良好的营商环境,促进制造业的数字化转型。数字化转型是制造业自身发展的现实需要,这一进程中遭遇的大多数问题会由市场解决,但只用市场的能力去解决可能并不能达到真正的改善,这就需要政府的积极推动,所以也要更好地发挥政府的作用。

中国作为世界第二大经济体,制造业的进一步增长不可避免地要靠创新驱动和创业促动。创新的出现,需要各领域知识充分交流和碰撞,创业的热潮需要宽松的环境,企业创新能力、创业热情的进一步释放,有赖于营商环境的精心营造。为了能让企业获得公平、公正的发展和竞争环境,我们应进一步增强对小微企业的扶持力度和政策优惠,通过技术改造贷款贴息、搬迁补助、职工安置补助、产业引导基金投资等方式支持和鼓励企业进行数字化改造;通过政府购买服务等方式鼓励中小企业与服务平台合作,引导中小企业通过"上云"提升数字化水平;通过试点示范,培育工业互联网平台,鼓励、支持优势企业提高工业互联网应用水平,推广网络化协同制造、服务型制造、大规模个性化定制等新模式、新业态。[1]同时,也要加强国际合作,提升国际影响力。我国应发挥产业门类齐全、市场规模大、数据资源丰富等优势,谋求与其他国家的深入合作,并引导行业组织在国际合作方面进一步发挥作用。

我国制造业规模庞大、体系完备,但"大而不强"问题突出。尤其是传统制造业,自主创新能力不强,生产管理效率较低。在我国制造业低成本优势逐步减弱的背景下,必须着力提高产品品质和生产管理效率,重塑竞争优势,数字化转型正是提升制造业竞争力的重要途径。当前,需要更好顺应数字经济发展趋势,解决好制造业数字化转型进程中的难点问题,切实推动制造业高质量发展。

---

① 沈恒超.制造业数字化转型的难点与对策[J].变频器世界,2019(6):44—46.

第三节　跨境电商的数字化转型

跨境电商是指利用跨境电子商务平台发展起来的跨境网络贸易,是在"互联网＋"发展到一定程度出现的跨境贸易与电子商务的有机结合的新型贸易形态。跨境电子商务凭借其便捷性、普遍性得到广大民众的认可,是普通百姓参与国际贸易的渠道之一。我国跨境电商最初的模式是海淘、个人代购等。[①] 随着互联网的不断发展,跨境电商也不再是固定的这几种形式,而是逐渐向企业化、规模化转化,数字化发展,而且越来越多的企业踏进跨境电子商务市场,跨境电商凭借其便捷性逐渐成为电商业的主体。[②]

随着数字经济的快速发展,全球网络零售规模保持快速增长。网络零售对全球居民消费的影响力日益增大。全球物流和线上支付的发展进一步促进了跨境电商的发展。

从电子商务地理范围看,电子商务跨境化发展趋势明显。中国已连续多年成为全球规模最大的网络零售市场,网民数量也急剧增加。从当前各大电商企业的采购计划和数据来看,跨境电商的数字化转型、消费升级正成为趋势。对于海外商家来说,中国跨境电商的蓬勃发展,为海外商品进入中国市场提供了新的营销渠道,同时也为中国产品走向世界带来广阔的商机。

具体来讲,跨境电商的数字化升级为买卖双方提供了精准的"人、货、场"信息匹配服务和交易信用保障,使买卖双方同时具有高效的履约体系,从而完成商家数字化信用和数字化体系的构建,实现跨境贸易的数字化重构。目前,全球外贸链路环节有 20 多个,国际站平台只是其中的一个营销场景,如果国际站将更多的外贸环节数据沉淀于平台之上,就会更

---

① 张夏恒.跨境电商类型与运作模式[J].中国流通经济,2017(1):76−83.

② 周健,张丹丹.eWTP 全球高效落实下跨境电商的发展进程[J].山东工商学院学报,2019(4):28−36＋115.

清晰地将买卖双方的画像勾勒出来,进行更精准的匹配。

我国跨境电商虽然发展时间不长,但是发展速度较快;虽然相关的管理和法律法规还不够完善,不能完全适应跨境电商快速发展的需求,但政府正在积极推进相关政策,新技术、新模式也在不断创新。所以,我国跨境电商的数字化转型有望得到新一轮的大发展。

一方面,政策"红利"持续释放,使跨境电商数字化迎来了新的发展机遇。完善跨境电商等新业态促进政策,支持跨境电商新业态的发展,是适应产业革命新趋势、促进进出口稳中提质的重要举措。另一方面,对跨境电商综合试验区电商零售出口落实"无票免税"政策更便于企业的所得税核定征收。所谓"无票免税",是指出口企业只要登记相应的销售方名称、纳税人识别号、货物名称、数量、单价和总金额等进货信息,就可以享受免征增值税的优惠。这一政策的落实大大减轻了跨境电商企业的人力、时间成本,加快了退税进程。

不断创新的智能分拣系统、CT 智能审图判图等高科技装备以及不断革新的数字技术为跨境电商的出口积极赋能。

其实,无论是在发达国家还是在新兴市场,网购都在覆盖更广的人群,而中国制造也逐渐向普及化发展,同时,"一带一路"建设也为中国跨境电商卖家提供了快速布局沿线国家市场的机会。国内传统优势产业基础和产业带正在快速赋能跨境电商走向更好的发展。

与此同时,跨境电商出口的模式和方式也在不断创新。其中,出口B2B平台普遍由纯信息服务模式向在线交易模式及综合服务商角色转变,从提供单一的服务向多种服务并举转变,能够满足中小外贸企业线上化发展需求,增强平台用户黏性及盈利能力。

另外,海外仓的方式也在提升国外消费者的体验。所谓海外仓,就是卖家准备好货物,然后整批发到海外仓,通过海外仓的后台系统下达订单,然后操作人员根据卖家的订单指令做终端派送,这种方式对于优化电商供应链体系、提升物流配送时效和降低单件物流成本都有助益。

跨境电商的数字化成为制造业国际化的要道。近年来,我国跨境电商发展迅猛,成为制造业企业拓展海外市场的重要通道,大批制造业企业积极搭乘跨境电商的快车,市场触角延伸到全球各个角落。一方面是因为跨境电商能够有效化解产能过剩的平台;另一方面是因为跨境电商能够有效协助企业连接国际市场的通道。跨境电商发展势头强劲,将逐渐演变为制造企业国际化的主要渠道。

第八章 民生行业的数字化转型

数字化转型是指通过采用数字技术对业务策略或数字策略、模型、操作、产品、营销方法、目标等进行改造转换的行为,基于 IT 技术所提供一切所需要的支持,让业务和技术真正产生交互和提升。之所以越来越多的行业将"数字"视为核心资产、新资源和新财富,究其根源,数字化转型能实现产业的数字化转型升级,而这正是抢占新竞争制高点的有效助力。数字技术和数字经济的发展不仅促进了制造业、农业和跨境电商等传统行业的数字化转型,同时也推动着民生与公共服务领域赋能升级,促进教育、交通和医疗等领域的数字化、智能化和智慧化转型,大幅度便捷生活、改善民生、提升社会治理能力。

第一节　教育行业的数字化转型

随着数字技术的不断发展,大数据、互联网、人工智能等新技术的应用范围也在不断扩大,其智能、便捷和普惠的优质特性已经逐步渗透教育领域,推动着教育走向数字化、智能化,这不仅能有效地促进教育公平,而且重塑了教育新业态。目前,随着人工智能技术的不断成熟,它与教育领域结合得更加紧密,赋能教育行业转型升级呈现出显著的优势。

人机协同的教育可以促进学生个性的成长,激发教育个性化发展。随着人工智能时代的到来,人机协同的教育方式使学校无论是教还是学,都让学习形式变得更加个性化,我们一直追求的"因材施教""关注每个学生的成长",由于有了技术的支持而变为现实。

在教的方面,教师是教育中的关键要素,教师的专业能力、对学生的态度是决定教育质量的重要因素,教师教学的质量差异也是导致教育不均衡发展的因素之一。在目前的班级授课制下,教师无法准确地了解每个学生的学习障碍和进行一对一的精确辅导,而人工智能虚拟教师会成为教师的得力助手,帮助教师完成很多工作,如答疑、批改作业、心理辅导、日常管理等。另外,人工智能还可以汇聚、叠加更多专家智慧,增强教师的工作能力,使其能够突破传统班级授课制的局限,创造性应用多种教学方法和工具,实现对每一个孩子的个性化和精细化关注。[①] 因此,在人工智能虚拟教师的帮助下,教师可以花更多的时间与学生交流沟通,从而促进学生更好地成长。

在学的方面,人机协同可以改变学生的学习方式。大数据的精准教育可以为每个学生提供更精准的学习诊断和分析,通过建立个人学习成长档案,满足学生个性化发展的需求,进而提供最适合每个学生的学习方式。人机协同还能实现泛在学习。例如,重构学习社区、智能学习平台和终端可以让学生随时随地学习,学习社区的构建打破了原有的班级、年级概念,学习群体可以任意选择不同的学习内容、学习时间、学习等级等,同时还可以实现远程协作学习。

智能教育的共创共享、跨界融合促进了教育生态重构,也引发了教育的供给侧改革。随着智能学习环境的逐步建立,自由学习成为可能。无论是从知识技能的获取,还是从育人的角度,学校都不再是孤立的,学习的时间与空间打破了学校的界限而扩展到更广阔的社会、企业、博物馆等,它们都将成为学习内容的提供者和学习场景的承载者,教育资源会更加开放共享,教师和学生都可能是学习资源的提供者和使用者,形成共创共享的教育生态。

教育供给也将变得更加多样化。人工智能和大数据技术的应用可以

---

① 石邦宏.人工智能＋教育:加速推动教育供给侧改革进程[N].学习时报,2019—08—23(003).

更好地突破物理空间和实体条件的限制,使得学习受众群体的广度和知识信息的跨度发生巨大的变化,每一个学习者可以得到更加个性化的学习内容和方式。在知识大爆炸的当今时代,可以通过人工智能算法,更好地为每一位学习者制定出合适的内容、合适的难度、合适的方式等个性化策略,为实现"因材施教"提供无限的可能性。①

人工智能对教育领域可谓全方位赋能,具体表现:

首先,人工智能赋能管理。人工智能技术会帮助学校和机构实现智能化管理,从招生到日常管理、从考勤到校园安全、从选课到学生过程性数据的采集分析,支持学生的职业生涯规划等。智能管理不仅提高了工作效率,也使教育管理基于数据分析实现科学决策。

其次,人工智能赋能学生。智能时代对适应未来的人才的培养目标提出了新要求,从而带来教育内容、教育结构的调整,但人工智能对教育最直接的影响还是学习方式的转变,使个性化、定制化的学习成为可能。

最后,人工智能赋能教师。如同上述人机协同的教育,人工智能技术使老师从繁重、重复的工作中解脱出来,如利用机器学习、图像识别、自然语言处理、大数据分析等技术从词汇、句子、段落、语法等多个角度批改学生作业,学生得到分数后根据所给建议和标注的错误进行修改,从而得到进一步提高。同时,人工智能还可以使优质教师资源以更适切和个性化的方式辐射更多的学校,解决资源与学情不匹配、难以发挥作用的问题,从而更好地促进优质教育资源均衡,推进教育的公平发展。

人工智能与教育的深度融合展现出了很大的优势与发展前景,未来教育发展趋势必定是与智能相结合,才能更好地利用人工智能发展教育,提高教育质量和效率,促进个性化学习,面对教育的数字化转型,应高度重视人工智能的教育培训。

第一,推进人工智能素养教育和实践活动。良好的学生培养方案是素质教育的起点,首先要做的就是遵循教育教学规律和中小学生身心特

---

① 石邦宏.人工智能＋教育:加速推动教育供给侧改革进程[N].学习时报,2019—08—23(003).

点,注重基础人工智能教育的培养,与此同时,增强创新能力和应用能力的锻炼,改变"填鸭式"教学方式,从而提升人工智能素养教育水平,促进学生全面发展。在实行人工智能素养教育时,也要将人工智能的综合社会实践活动和开放性科学实践纳入学习范畴,将理论联系实际,突破优质均衡发展的瓶颈。对于传统教育资源不合理分配的问题应该予以解决,要扩大人工智能教育覆盖面,缩小中心城区、远郊区和校际差距,精准推进基础教育携手并进,最终实现兼顾个性化和规模化的高质量人工智能教育发展。

第二,对于学校的学科设置方面,加快人工智能领域学科专业建设,努力实现人工智能与传统教育的融合,提升各类人才的创新精神和实践能力。目前,很多高校已经设置了人工智能学科方向,加大了人工智能领域学科投入,这样不仅推进了人工智能方向复合型人才的培养,而且加快了人工智能领域成果和资源向教育教学转化。同时,很多高校也推出了人工智能与计算机、控制、数学、心理学等专业的交叉融合,逐渐形成"人工智能+X"的人才培养模式,即培养贯通人工智能理论、方法、技术等的纵向复合型人才,以及掌握人工智能与经济、社会、管理等的横向复合型人才。通过学校与学生的努力协作,会把人工智能建设成为高精尖的学科,助推教育行业的数字化转型。

第三,教师人工智能的教学水平对于学生的提升也是至关重要的,要加强教师对人工智能知识的学习。首先需要加大教师人工智能知识和技能培训,推动高校教师与人工智能行业工程技术人员、高技能人才双向交流,并且支持高校教师参与中小学人工智能素养教育及相关的研究工作,以不断增强教师应用人工智能的能力。同时,可以引进和培养人工智能领域高水平创新人才,面向人工智能领域重大问题和关键技术,汇聚国内外人工智能高端创新人才,进而打造高水平的人工智能创新团队。

第四,深化人工智能科技创新平台建设。政府要通过政策引领和激励措施,鼓励人工智能相关机构加大创新力度,组织机器学习、计算机视觉、深度推理等人工智能前沿核心技术攻关。企业可以基于人工智能领域的基础理论、核心关键技术等需求,统筹部署人工智能科技重大项目,鼓励和引导高校对大数据智能、跨媒体感知计算、群体智能等人工智能基础理论的研究。深入推进人工智能领域"政产学研用"合作和科教融合,引导高校、科研院所和企业等主体协同创新,从而推动人工智能技术创新与转化应用。

人工智能对传统教育领域带来的颠覆性变革,使各国都高度重视人工智能高端人才的培养,不仅高等院校设立相应学科,改变教学方式,打造复合型人才培养模式,而且也加强了基础教育的配合,在基础教育中重视数学和理科,改变学习方式、培养审辩式思维与创造力。全社会积极推进产学研合作,打破校企的边界,共同打造培养人才的实践平台。

总之,人工智能技术与教育的结合更好地促进了教育发展,培养了社会所需人才。随着生物识别技术、自适应技术、大数据等技术的发展,会进一步推进人工智能与教育的融合,使人工智能时代的教育更关注学生成长,以人为本,促进学生全面发展,从而大力推动教育的数字化转型。

第二节　交通行业的数字化转型

数字交通是数字经济发展的重要领域,以数据为关键要素和核心驱动,促进形成物理和虚拟空间的交通运输活动不断融合、交互作用的现代交通运输体系。数字交通既包括对交通的精细、动态和智能控制,也涵盖了便捷且安全的交通出行服务,是数字经济在民生领域与社会治理的交集。数字交通的发展极大地改善了民生,创新了社会治理,方便了人们的生活,提高了居民幸福指数。加快交通运输信息化向数字化、网络化、智能化发展,能够为交通强国的建设提供重要的支持。

构建数字交通,毋庸置疑,是以"数据链"为主线,构建数字化的采集体系、网络化的传输体系和智能化的应用体系,这样便可以加快交通运输向数字化、网络化、智能化发展,实现交通的数字化管理。下面介绍这三个体系(如图8-1所示)。

| 数字化采集体系 | → | 网络化传输体系 | → | 智能化应用体系 |

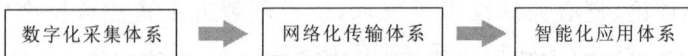

图 8-1　数字交通形成的三大体系

首先是构建数字化采集体系。第一是布局交通重要节点的全方位感知网络,构建数据采集系统,这就需要掌握所有交通点的情况。所以,布局交通重要节点的全方位感知网络是首先要做的,具体要推动铁路、公路、水路领域的重点路段、航段,以及隧道、互通枢纽等重要节点的交通感知网络覆盖,这就需要进行交通感知网络与交通基础设施同步规划建设,深化高速公路 ETC 门架等路侧智能终端应用,建立云端互联的感知网络。第二是构建载运工具、基础设施、通行环境互联的交通控制网、基础云平台,载运工具、作业装备的智能化设施,这样才能更好地融入数字化的采集体系。第三要多应用具备多维感知、智能网联功能的终端设备,提升载运工具的远程监测、故障诊断、优化控制等能力,同时推动自动驾驶与车路协同技术研发,鼓励物流园区、港口、铁路等运输站点广泛应用物联网、自动驾驶等技术,加强信息共享和业务协同。

其次是构建网络化传输体系。网络化的传输效率主要依赖于数字基础设施的建设,所以要加强交通运输基础设施与信息基础设施一体化建设,促进交通专网与"天网""公网"的深度融合。安全的信息传输方式也至关重要,一般数字化传输从两个方面完成:一是信息的加密和编码,工作人员在发送信息之前对信息进行特殊的算法处理,使信息加密;二是信息的解码和还原,接收信息后,工作人员需要将经过加密处理的信息还原,得到原始的数据信息。[①] 同时,推进车联网、5G、卫星通信信息网络等部署应用,更好地完善全国高速公路通信信息网络,力争做到多网融合的交通信息通信网络,这样便可以提供广覆盖、低时延、高可靠的网络通信服务,强化网络化传输。

最后是构建智能化应用体系。在构建智能化应用体系的内容上分为

---

① 李万鹏.智慧交通大数据平台系统设计与实现[J].智能建筑与智慧城市,2019(5):98－99＋102.

三个方面。

一是打造数字化出行助手，即促进交通、旅游等各类信息充分开放共享、融合发展。平台型企业要深化多源数据融合，整合线上和线下资源，同时各类交通运输客票系统充分开放接入，为旅客提供全程出行定制服务，打造数字化出行助手，使出行成为一种按需获取的即时服务，让出行更简单。要推动"互联网＋"便捷交通发展，鼓励和规范发展智能停车、智能公交、网络预约出租车等城市出行服务新业态。

二是推动物流全程数字化，即大力发展"互联网＋"高效物流新模式、新业态，加快实现物流活动全过程的数字化。推进铁路、公路、水路等货运单证电子化和共享互认，提供全程可监测、可追溯的"一站式"物流服务。同时，各类企业加快物流信息平台进行差异化发展，推进城市物流配送全链条信息共享。依托各类信息平台，加强各部门物流相关管理信息互认，构建综合交通运输物流数据资源开放共享机制。

三是推动行业治理现代化，即完善国家综合交通运输信息平台，提高政务服务、节能环保等领域的大数据运用水平，实现精确分析、精细管理和精心服务。要建立大数据支撑的决策与规划体系，推动部门间、政企间多源数据融合，从而提升交通运输决策分析水平。同时，进一步推进交通运输领域"互联网＋政务服务"，实现政务服务同一事项、同一标准、同一编码，进而推进交通运输综合执法等系统建设，提高执法装备智能化水平，如在线识别和非现场执法。

随着人民生活水平的不断提高、城市化进程的日益加快，交通行业数字化转型的发展对于解决城市道路交通问题具有重要意义。数字交通技术的应用给我们带来了许多的便捷服务，但同时也存在许多挑战需要克服，要求我们加强对交通数据信息系统的规范，并提升其整体服务能力；确保智慧交通系统中数据的真实性，完善管理制度，加强对数据的管理，进一步增强城市交通的智慧化程度。①

---

①　常春光,石秋红.城市智慧交通发展对策研究[J].辽宁经济,2019(4):20－21.

第三节　医疗行业的数字化转型

医疗是重要的民生领域,它直接关系着人民群众的健康安危。随着大数据、5G、人工智能新技术的快速发展,医疗逐渐走向数字化转型,现已打造了健康档案区域医疗信息平台,利用最先进的物联网技术,实现了患者与医务人员、医疗机构和医疗设备之间的互动,逐步达到信息化。数字技术在医疗领域的应用也取得了长足发展,实现了医疗过程透明化、医疗流程科学化、医疗信息数字化和服务沟通人性化,提升了医护工作效率,为数字医疗注入了新活力。这样的转型必将掀起医疗领域的大变革,重塑医疗领域新业态。[1]

传统的信息化技术程度不高的医院存在很多的问题,如患者就医不便、医护工作效率低、内部管理制度落后等。面对数字经济带来的新机遇,医疗的数字化转型迫在眉睫,这不仅是解决这些问题的好时机,还是重塑医疗行业的重大历史机遇。

首先,增强了患者就医的便利性。传统挂号方式是排队,这样不仅花费的时间长,而且效率也非常低,可能经常出现长时间排队后无号可挂的情况。但是现在增设了手机预约挂号和医嘱查询服务等网上服务功能,可以利用信息化技术建立信息查询系统,只要病人或病人家属将住院号或者手机号输入查询系统中,就能够查询从入院到现在所有的费用支出清单,而且还能查到疾病的具体情况,这使得就医难的问题得到了有效缓解。

其次,提高了医护工作的效率。传统医院录入病人的关键信息时都采用人工笔录,纸质版存储病例内容可能会出现漏记或者管理不善的问题,导致无法进行信息共享和整合,从而难以支持跨领域的综合分析。随着互联网、大数据等新技术的发展,医院加入了电子病例的使用,电子病

---

①　叶东蠡,陈木子.5G时代的智慧医院建设[J].中国医学装备,2019(8):150—153.

例具有查询方便、保存完整性高等优点,电子病例的使用可以利用信息化技术实现。在此过程中,利用计算机软件对病例内容展开实时保护和管理,使得记录方式更加简洁,管理更加方便,避免出现病例内容丢失等现象。①

最后,提升了医院内部管理制度。传统医院信息化系统虽然比较完善,但是设备的数据化应用和智能化改进进展较慢。常用的系统包括医院综合管理系统、医院信息系统、OA 系统、实验室信息系统、医学影像归档及传输系统、放射学信息系统、远程会诊系统和后勤能耗监管系统等,但整合度不高、数据不统一。整合的智慧医院系统平台能除去不同系统间的壁垒和各种重复环节,在降低医院运营成本的同时提高运营和监管效率。② 整合的智慧医院信息系统,能对就诊量、患者检查及出入院情况、医生用药情况、医保基金使用、财务结余、后勤能耗及运维费用等涉及业务运作的每项数据做到实时监控,便于合理进行内部管理。③

另外,传统医疗资源分布不均,跨地域就诊难,一直是医疗领域发展的痛点。但是,随着 5G 时代的到来,这些摆在眼前的就医难题似乎有了化解的希望。2019 年,5G 因其特有的高速率、大连接、低延时等特点成了世界各行业的焦点,而它在医疗行业的应用,将有效赋能远程医疗、医疗影像、医院数字化服务及医疗大数据等多方面,切实提升广大患者在医疗健康领域的获得感。

在 5G 技术出现前,互联网能够支撑的是将个别点布上好的网络条件,上级医院与基层医院间只能通过对应点交流,但实际上,基层医院需要的是一个面的支持,而每个点都布上网络却是难以实现的。但 5G 覆盖后,每个基层医院与上级医院科室之间、病房之间、医疗单元之间,甚至

---

① 田娅坤.信息化技术在智慧病房建设中的作用[J].电子技术与软件工程,2019(17):218-219.

② 崔文彬,唐燕,刘永斌,等.智慧医院建设理论与实践探索[J].中国医院,2017(8):1-4.

③ 叶东薑,陈木子.5G 时代的智慧医院建设[J].中国医学装备,2019(8):150-153.

专家教授和基层医生之间,顺畅地交流和探讨将成为可能。与 4G 环境下远程会诊最直接的不同之处是——图像非常清晰,且来回切换时反应时间大大缩短,许多检查、影像信息等也实现了共享。总之,在不久的将来,基于 5G 技术的优异特性,将带给医疗健康领域更多超出想象的智能应用,真正满足百姓的健康和就医需求。

医疗的数字化转型是将互联网、大数据、5G、物联网等新的信息技术融合入医疗行业,实现医疗信息共享的目的。传统的医疗带来了各种各样的现实问题,造成了人们看病难等各种后果,但数字医疗可以将网民、医生、患者联系起来,让其实现有效互动,在实践中互联网医疗可以利用其数据分析或者资源整合的能力将信息以及数据进行综合分析后整理,实现有效资源的合理配置甚至是最优配置。[①]

---

① 林悦."互联网＋智慧医疗"现状及发展展望[J].中国医疗器械信息,2019(18):15—16.

金融行业的数字化
转型

　　随着大数据、人工智能、云计算、区块链等新兴技术的快速发展及其与金融业的深度融合,传统金融机构正处于转型的关口,通过应用前沿技术,将自身金融服务能力平台化开放,构建全新的"数字金融"新生态。金融的数字化转型带来了新的商业模式和行业变革,使得人们更好地享受金融服务,但转型升级必然会产生一些新的挑战,需要新的监管模式来应对。

第一节　数字金融的生态体系

　　在大数据和人工智能时代,对于金融业这种数据资源最密集的行业,毋庸置疑,也迎来了数字化的发展机遇。互联网、大数据、人工智能、云计算、区块链等新技术的不断渗透,使传统金融的生态体系发生了极大的变化,加快了融合数字技术的创新发展,数字金融的生态体系便是数字科技与传统金融的深度融合的结果(如图 9-1 所示)。

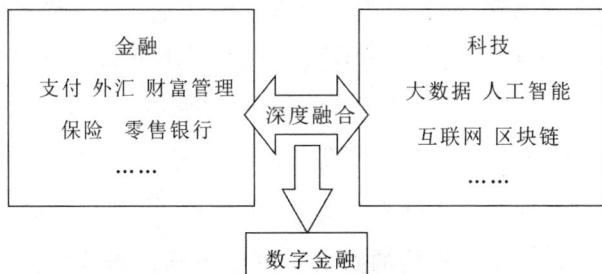

图 9-1　数字金融的生态体系

下面简单介绍支付、外汇、财富管理、保险、零售银行等数字金融生态体系中的金融服务。

"支付"一直是金融服务的重要领域,在数字金融的形成过程中,"支付"也发生了数字化转型升级。数字金融中的支付业务融合了大数据、区块链、云计算等新技术,其中使用大数据技术可以对海量的交易数据进行精准分析,使用云计算技术可以进行数据资源的汇总整合,打造出更为场景化和便捷的支付平台,还能开展其他相关业务。目前,阿里、腾讯推出的第三方支付等非传统金融支付方式,已经占据了很大一部分前端客户市场份额,如微信支付、支付宝、京东支付等。可以说,谁掌握了支付端口,谁就会在金融市场中赢得先机,而银行由于很少推出这种快捷的支付方式,已经逐渐转变为支付的后端通道,而且随着区块链技术的发展应用,银行很可能还会失去支付后端通道。

在外汇方面,国家外汇管理局打造了跨境金融区块链服务平台。这是目前国内金融领域涉及范围较广的区块链平台,也是国内少有的由国家监管部门牵头组织建设的区块链平台。平台的建立既方便了企业,也提高了银行开办业务的效率,可以有效缓解中小企业跨境贸易融资难的问题,对城市外向型经济的发展也起到了促进作用,能够更好地服务于实体经济。

在传统出口贸易融资中,传统银行主要依赖于企业提供的线下纸质单据审核办理业务,缺乏核验渠道。如今,平台以区块链技术整合了出口报关数据,利用区块链的数据不可篡改特性,通过"货物流、信息流、资金流"三流合一推动资金"脱虚返实",这将为银行出口贸易融资真实性审核提供新渠道、新手段,大幅度提升银行出口贸易融资业务的审批效率。

财富管理是对客户的资产进行管理,通过向客户提供保险、投资等一系列的金融服务,来满足客户不同阶段的财务需求,帮助客户降低财务风险,最终实现财富的增值。随着云计算、大数据、人工智能等新兴技术的应用,银行这种传统金融机构的财富管理业务已经向数字化的服务方式转移,不断创新商业模式,如利用数据分析提高投资准确性和客户个性化定制。以智能化投资顾问为例,利用云计算、大数据等技术,可以低成本、快速精确地获得市场信息,基于最基础的资产理论和其他衍生模型,再结合投资者的风险偏好、财务状况,通过算法自动为用户提供资产配置建议。可见,智能投资顾问不仅改变了客户和理财顾问面对面的传统服务模式,具有成本低、易操作的优势,而且可以避免投资人受情绪化的影响,分散投资风险、信息相对透明,从而使普通客户也能享受到过去只有金融机构高层才能享受到的数字化金融服务。

保险也是金融领域比较传统的一项服务,随着物联网、大数据、人工智能为代表的新兴技术的快速发展,极大地促进了保险行业的创新发展。金融的本质就是面对风险的跨期资源配置,所以商业保险活动当然是金融行为,金融科技在保险业变革中的作用是重中之重,可能会从根本上改变和颠覆商业保险模式,更为保险业创新发展提供源源不断的动力。[①]支付宝作为移动支付领域的龙头,旗下的功能也日益完善,深受网友喜爱,而且支付宝的出现结束了繁杂的现金时代,进入了更为先进的移动支付时代。

互联网保险提供的销售和服务形态,使保险服务渠道从线下的实体网点发展到线上,打破了获取保险服务的时空限制,使客户更经济、方便、高效地享受优质保险服务。而且保险业充分利用线上渠道,得以不断创新保险产品和服务模式。[②]随着数字经济社会的不断发展,保险行业也走向了创新之路。

零售银行在传统的银行业务中一直是最赚钱的业务之一,而在近几年,金融科技创新企业正在一步步侵蚀零售银行业务。很大一部分原因是银行实体网点投资回报率正在逐渐下降,人力成本正在逐渐上升,而大部分业务成本可以通过自动化节省下来。零售银行针对消费者和中小企业,具有交易金额小且分散的特点,主要通过银行网点、ATM、网上银行、

---

① 马向东.金融科技是保险业转型升级的必由之路[N].中国保险报,2019－05－14(006).

② 同上。

手机银行等方式进行。在当前技术和制度环境下,科技与金融深度融合,新型零售银行正在探索纯线上的数字银行,不设立任何的物理网点,实现远程开户,借助现代科技提供体验更佳的金融服务。[①]

中国数字金融起步于公益性小额信贷,后来扩展为支付、信贷等多业务的综合金融服务,并由于网络和移动通信等的广泛应用而得到长足发展。中国数字金融的发展极大地提高了金融服务的可得性和便利性。[②]依托于互联网、大数据、人工智能、云计算、区块链等新兴技术,使得对于原先无法接触到金融的群体来说有更多的接触机会。数字金融提高了人们使用金融服务的便利性,推动了金融的数字化转型。

第二节　金融行业的数字化转型

金融行业是一个很容易被技术牵动的行业,几乎每一次技术的进步都会使金融业随之发生变化,在如今的数字经济时代,数字技术也将给金融业带来了伟大的变革。数字科技将在金融行业中得到充分应用,但这并不会使金融的本质发生变化,而是一定程度上会大大降低金融的交易成本、创新交易方式和种类,最终实现金融行业的智能化、普惠化发展。

在数字技术的作用下,中国金融业跑步进入数字金融时代。数字金融泛指传统金融机构与互联网公司利用数字技术实现支付、财富管理、保险等其他的新型金融业务模式,在中国主要有两种表现形态:一种形态是强调数字金融的科技属性,与金融科技的概念比较接近,指利用移动互联网、大数据分析、人工智能、云计算等数字技术来帮助金融机构解决传统金融业务模式中的痛点,这也是发达国家数字金融的主要表现形态;另一种形态强调其金融属性,与互联网金融的概念更为接近,即互联网科技公

① 马化腾,孟昭莉,闫德利,等.数字经济:中国创新增长新动能[M].北京:中信出版社,2017:173-174.
② 张勋,万广华,张佳佳,等.数字经济、普惠金融与包容性增长[J].经济研究,2019(8):71-86.

司利用数字技术提供以移动互联为主要特征的替代性金融服务,弥补传统金融服务的短板。

中国金融的数字化转型经历了三个不同的发展阶段(如图 9-2 所示)。

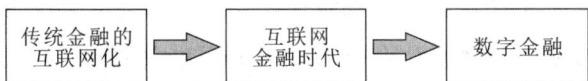

图 9-2　三个发展阶段

第一个阶段是从 20 世纪 90 年代开始的传统金融机构的互联网化,中国的商业银行最初开始将互联网技术应用到金融服务中。主要体现在大力推行后台服务实现 IT 化,如通过自动取款机、网上银行手机银行等多种终端向用户提供金融服务。数字技术不仅可以帮助金融机构提高工作效率和降低服务成本,而且能够突破其物理服务网点和营业时间的限制,从而加快资金融通的速度,给用户带来便捷省时的服务。但这一阶段的数字金融主要集中在简单的业务咨询、存取款、支付等基本的金融服务,用户和金融机构的连接相对薄弱,所以用户信息和金融交易数据的价值没有得到充分体现,仅仅反应在账户安全保障和金融产品销售方面。

第二阶段是中国的互联网金融时代,结合数字技术的优势,金融科技企业如蚂蚁金服、腾讯金融利用自身的海量用户,提供了互联网移动支付、网络借贷、互联网财富管理、互联网保险、网络众筹等金融服务。自 2013 年起,中国互联网金融业抓住了智能手机快速普及的历史机遇,积极推进技术和产品的不断创新升级,使业务规模持续增长。在支付领域,中国第三方移动支付交易速度快、规模效应高的成本优势不断凸显;在网络借贷领域,数字技术可以简化贷款流程,降低借贷风险。另外,我国中小企业普遍存在显著的外部融资约束,而互联网金融的发展能够降低中小企业对内部现金流的依赖性,起到缓解中小企业外部融资约束的作用,从而在一定程度上解决中小企业融资难、融资贵的问题。[①]

[①]　胡振兴,部晓月,王豪.互联网金融发展、内部控制质量与中小企业融资约束[J].财会通讯,2019(30):120-124.

这一阶段互联网金融的发展弥补了用户与金融机构连接相对薄弱的劣势,金融服务与人们的衣食住行等生活场景紧密结合,从而使人们更加积极地参与各种金融类产品和服务。在互联网金融发展过程中,我国逐渐产生了许多企业致力研究人工智能、云计算、区块链等前沿技术,这对于数字技术和传统金融的结合也有显著的帮助,创新出了许多金融服务类产品。可见,金融的数字化转型逐渐显示出了强大的发展优势,对于驱动全球金融科技进步和市场发展提供了新动能。

互联网金融的快速发展给商业银行带来了巨大的竞争和转型压力,这就推动中国金融进入第三个发展阶段——数字金融时代,金融的数字化是一种新的金融服务体系,具体来说,它以新技术和数据为驱动力,以信用体系为基石,克服传统银行服务成本高、金融服务效率低的弊端,使所有社会阶层和群体平等地享受金融服务,并且它与日常生活和生产紧密结合,促进所有消费者在改善生活、所有企业在未来发展中分享平等的机会。换句话说,商业银行、中国银行等其他传统金融机构与金融科技企业展开深度合作,在战略、组织和金融产品层面上全面推进金融业的数字化转型,打造更加数字化和智能化的综合型金融服务平台。

由于目前商业银行在中国金融体系中仍然处于主导地位,是提高金融服务实体经济效率的关键,并具有服务集团客户的经验和流动性风险管理的优势。因此,以商业银行为代表的传统金融机构全面拥抱数字金融,就意味着中国的金融业开始进入数字金融时代。

从金融一步一步走向数字化转型可以看出,金融科技并不是突然产生的新事物,而是随着数字金融的发展而不断创新的。也就是说,技术创新与金融创新始终紧密地相连。数字金融发展以来,传统的支付业、财务管理业、保险业、消费金融业、证券交易等传统的金融服务发生了重大转变,国家积极投入大量资金将数字技术应用到传统金融业务服务中,不断促进金融的数字化转型,实现金融与科技的深度融合,从而带动金融企业与科技企业的进一步融合。

在银行理财领域,传统银行理财业务除了选择与具备流量优势的互联网金融公司合作,还进行了自身技术的创新和强化。目前,银行信息化建设已经相对成熟。

近几年,伴随着智能化应用的逐渐发展和信息化建设投资力度的扩大,中国保险企业也开始加大保险科技投入,其中,头部保险企业和互联网保险公司的布局更加迅捷,以中国平安、中国人寿、中国太保、中国人保为代表的大型保险机构纷纷将"保险＋科技"提到战略高度,并且积极出资设立保险科技子公司。新技术对于传统保险行业来说,有效扩展了场景数据边界,更丰富了保险数据化场景,全面实现全域数据化,促进了保险行业的数字化转型。

在消费金融业务领域,金融科技的有效使用主要体现在使平台更好地利用其业务中产生的数据,定制和优化其产品模型和风控模型,从而降低坏账风险、满足用户需求。消费金融业务领域,在前沿科技的各项技术中,云计算、人工智能、大数据技术的投入占比都很高。

据统计,目前在证券技术的资金投入中,主要是建设以基础 IT 为主的非前沿科技,但随着数字技术的创新发展,未来证券业将大力投入资金于各项前沿科技。在资金投入中,对不同应用前景的技术,其侧重点也有所区别。例如,对云计算与大数据的基础建设,以及 AI、RPA/IPA 这类应用场景明显的技术,将作为投入重点;区块链等这类以应用探索为主的技术,将主要由头部企业进行投入。

随着数字技术的不断革新,智能客服、RPA/IPA 等技术将逐渐替代传统金融业务中的流程化、重复性的人力工作。智能客服的利用率逐渐增加,不仅可以提供 24 小时的不间断服务,而且能极大地降低错误率。另外,还可以进一步提升人工替代率,用技术替代人力大大降低了人工服务成本的投入,有助于全面实现银行业的数字化转型。

进一步来说,金融的本质就是服务实体经济,是与人们的日常生活和生产紧密结合的。真正将金融与生活生产融为一体,对普通消费者而言,金融不再是冷冰冰的金融产品,而是支付宝、余额宝、花呗、芝麻信用等已成为家常便饭的生活方式的改变,为实体经济的发展带来了新的商业模式;对企业来说,尤其是中小型企业,数字金融增加了实体经济的融资渠道,通过大数据技术获得客户的数据信息,并以此甄别客户的信用状况和经营状况,不需要资产抵押就可以为他们提供相应的金融服务,有效解决长尾人群融资难的问题。[①] 可见,数字金融降低了实体经济获得金融服务的成本,低门槛、低成本的金融服务成为万众创新大众创业的保障。

近年来,中国数字金融走在世界前列,其发展大大降低了金融的风险,无论是传统银行的数字转型,还是新型互联网企业发展起来的数字金融系统,面向农业、小微企业、创新型企业、供应链企业都提供了之前难以提供的服务,都能更好地服务于实体经济,为实体经济的发展、复苏和转型提供强大的助力与赋能。

第三节 数字金融监管模式的创新

数字金融作为一种新的金融生态体系,它的健康发展离不开管理者的监管。金融科技来势汹汹,其天生的技术优势会给金融发展带来机遇和变革,但其监管也同时面临着许多的挑战,一旦监管不当,随之而来的就是巨大的破坏性。当前,绝大多数国家和地区都要求数字金融创新必须遵循现有金融监管的基本原则,以确保一致性和便于管理。因此,面对日新月异的金融科技,各国政府也在积极调整监管机制,确保数字金融能够健康稳定地发展。

一、我国网络金融监管的现状

我国数字金融服务的业务已进入高速发展阶段,数字金融的业务种类很多,业务量较大,数字金融业务基本已经成为较为普及的盈利手段。当前,我国的证券交易基本实现了全国联网,网上炒股日益发展。传统金融机构也都建立了各地的局域网,其中,中国银行已建立了以总行数据处

---

① 侯琳琳.数字金融服务实体经济发展研究[J].纳税,2019(25):217.

理中心为核心,辐射海内外的网络化应用体系。互联网的快速发展也给我国金融业注入了新的活力,它不仅方便了客户,而且大大降低了金融运营的成本。

但同时,我们也遇到了不少关系着金融安全的问题。例如,非法入侵金融机构的网络系统,攻击金融组织的数据库;通过网络盗取他人股票、金钱的行为也开始出现,种种行为都给数字金融监管提出了更大的挑战,使得国家的金融安全受到很大威胁。

在硬件技术方面,我国所用的计算机硬件设备主要依靠从国外公司进口,但技术上的保留,持续的贸易战让我们认清关键技术不能受制于人。因此,我国应发展自己的数字技术。

在对数字金融的监管政策方面,由于数字金融发展不均衡,而且不同金融科技类别的监管存在较大的差异,各个国家和地区对数字金融的界定尚未达成共识,我国的数字金融监管模式也没达到与金融科技智能化、技术化的发展同步,相应的治理和法律机制还不成熟。

首先,我国互联网金融发展迅速,然而监管措施和手段都较为落后,不能有效针对互联网金融出现的问题进行解决,国际上互联网金融的发展不能为我国提供有效的可供参考的实践经验,因此我国在互联网金融的监管中缺乏相关行业的法律约束。[①]

其次,由于我国很多金融机构采用的是与科技公司合作开展网络金融业务的发展形式,而这是监管政策中的一个漏洞。对于金融隐私保护法或银行秘密保护法,我国还没有较为完善的政策法律,绝大多数商业银行也没有做出一些必要的隐私声明,这会使客户因权利没有得到保障而减少对网上金融服务的需求,影响我国数字金融业的正常发展。

最后,我国对数字金融业务的市场准入监管是比较严格的,只有具备条件的金融机构才能开展数字金融业务,这虽然能够有效地防范风险,但在一定程度上也阻碍了数字金融业务的发展。

---

① 卢绪泽.中国金融监管体制现状及改革对策[J].现代商贸工业,2018(16):80—81.

从监管内容来看,目前的金融发展仍然将机构审批和经营的合规性当成监管重点,而对企业的风险监管涉足不深。没有建立稳定的市场退出机制,主要采取撤销和破序等方式,只能由政府和中央银行采取行政性的手段加以解决,国家财政和中央银行为此投入大量资金,同时也带来了一些不稳定的因素。在监管范围上,我国对除商业银行的其他银行和非银行金融机构的重视程度不够,对新出现的网络银行的监管基本属于空白。因此,从我国现有情况来看,对数字金融进行适当的监管是非常必要的。

二、完善我国网络金融监管的政策建议

我国对数字金融的监管可借鉴于一些国家的监管模式,同时结合我国经济发展的不同需要及时出台、调整网络金融监管方面的新法规,最终是要以适应、促进经济金融的不断发展为主要目标。

首先,确立统一监管体制,建立和完善网络金融条件下前瞻性的法律、法规体系,强化对数字金融业务的全面管理。当前,金融产品的延伸、金融服务的信息化、多元化以及各种新金融产品销售渠道的拓展,数字金融涉及的法律问题十分复杂广泛,使得金融业从强调"专业化"向"综合化"转变,传统的分业监管制度也将受到严峻挑战,行之有效的法律框架才是进行数字金融监管的理论依据。因此,监管体制应从"机构监管型"转向"功能监管型"。我国在数字金融的法治建设上比较落后,这种落后不仅表现在法律体系不完善上,还表现在法律的制定跟不上社会环境的发展和变化上,从而可能阻碍社会的发展。因此,必须尽快修改现有法律条款或重新制定适合、促进网络金融发展的法律法规,为促进数字金融在我国的发展提供良好的制度环境。

其次,注重金融机构的自我管理与规范,将监管与自律有机结合起来。数字金融的特性要求打破单纯由监管当局制定规范的固有模式,充分依赖金融企业和科技企业的自我管理与规范,这是数字金融条件下政府和企业必须遵守的一条基本原则。投资者的权利应当得到市场机制的

保护,而对其保护应当从个人数据权属关系出发,形成政府、机构和市场三者统一的个人数据保护机制。对此,政府部门需要加大教育和引导力度,使投资者认识到个人的行为数据将决定自身未来的信誉画像,将作为本人信用的凭据。[①] 监管当局应十分注重督促和协助金融机构加强内部管理,承担起数字金融发展的促进者和协调者的角色,采取有效的内控措施,在一个健全的内部控制系统中,金融机构可以及时发现并且防范各种风险和隐患,其实任何外部监管行为只是起到揭示性作用,真正能够减少甚至避免风险发生则需要依赖于金融机构本身。

最后,加强数字金融条件下金融监管的国际性合作与协调。数字金融是一种无须跨国设立分支机构即可将业务伸向他国的全新的金融组织形式。随着数字金融业务国际化发展步伐的加快,金融监管也必将走向全球一体化,这就要求未来的金融监管由各国通力合作才能完成,所以我国要积极加强数字金融条件下金融监管的国际性合作与协调。目前,越来越多的机构将直接面对海外司法管辖与监管检查,建议在跨境数字金融事务中,探讨建立各国监管机构互惠协作机制与相互委托协查本国金融机构相关事项的实施方案,通过签署谅解备忘录、共享信息、跨境监管、合作治理等方式,携手维护和谐稳定的国际金融市场环境。[②] 这对于数字金融正处于快速发展阶段的我国尤为重要。面对数字金融国际化程度的加深,只有积极地融合金融监管的国际性合作与协调,才能促进我国数字金融健康稳步地发展。

---

① 邵伟.数字金融发展与监管政策刍议[N].上海金融报,2018-11-09(A14).

② 吴善东.数字普惠金融的风险问题、监管挑战及发展建议[J].技术经济与管理研究,2019(1):66-69.

参考文献

[1]曾燕.数字经济发展趋势与社会效应研究[M].北京:中国社会科学出版社,2021.

[2]陈文,杜晓宇.数字中国建设新动能数据要素与数字经济[M].北京:人民日报出版社,2023.

[3]陈秀英,刘胜.智能制造转型对产业结构升级影响的实证研究[J].统计与决策,2020(13):121-124.

[4]刁生富,冯利茹.重塑大数据与数字经济[M].北京:北京邮电大学出版社,2020.

[5]杜国臣,李凯.中国数字经济与数字化转型发展[M].北京:中国商务出版社,2021.

[6]樊寒伟.数字经济建设与发展研究[M].汕头:汕头大学出版社,2023.

[7]龚晓莺,杨柔.数字经济发展水平的理论逻辑与现实路径研究[J].当代经济研究,2021(1):17-25+112.

[8]黄奇帆,朱岩,邵平.数字经济内涵与路径[M].北京:中信出版集团,2022.

[9]焦帅涛,孙秋碧.我国数字经济发展水平对产业结构升级的影响研究[J].工业技术经济,2021(5):146-154.

[10]金江军.数字经济引领高质量发展[M].北京:中信出版集团,2019.

[11]荆文君,孙宝文.数字经济促进经济高质量发展:一个理论分析框架[J].经济学家,2019(2):66-73.

[12]李健.经济高质量发展的数字金融驱动机制与路径研究[M].武汉:武汉大学出版社,2023.

[13]李瑞.数字经济建设与发展研究[M].北京:中国原子能出版社,2022.

[14]李晓钟,吴甲戌.数字经济驱动产业结构转型升级的区域差异[J].国际经济合作,2020(4):81—91.

[15]刘刚.中国数字经济发展机制研究[M].北京:中国商务出版社,2023.

[16]刘继承.数字化转型 2.0:数字经济时代传统企业的进化之路[M].北京:机械工业出版社,2021.

[17]刘西友.新治理数字经济的制度建设与未来发展[M].北京:中国科学技术出版社,2022.

[18]马春辉.数字经济与区块链发展研究报告[M].北京:社会科学文献出版社,2023.

[19]马克林.基于消费视角的产业转型升级路径研究[J].商业经济研究,2018(7):166—168.

[20]毛丰付,娄朝晖.数字经济技术驱动与产业发展[M].杭州:浙江工商大学出版社,2021.

[21]邵咪咪,郭凯明,杨丽珊.人口老龄化、经济高质量发展与产业结构转型[J].产经评论,2020(4):76—92.

[22]盛磊.数字经济引领产业高质量发展:动力机制、内在逻辑与实施路径[J].价格理论与实践,2020(2):13—17+34.

[23]万晓榆,罗焱卿,袁野.数字经济发展水平的评估指标体系研究——基于投入产出视角[J].重庆邮电大学学报(社会科学版),2019(6):111—122.

[24]王德辉,吴子昂.数字经济促进我国制造业转型升级的机制与对策研究[J].长白学刊,2020(6):92—99.

[25]王凯.数字经济、资源配置与产业结构优化升级[J].金融与经济,2021(4):57—65.

[26]王伟玲,王晶.我国数字经济发展水平的趋势与推动政策研究[J].经济纵横,2019(1):69—75.

[27]邢征.康巴什模式数字赋能县域经济高质量发展的新探索[M].北京:朝华出版社,2023.

[28]许宪春,张美慧,张钟文.数字化转型与经济社会统计的挑战和创新[J].统计研究,2021(1):15－26.

[29]姚兴安,闫林楠.数字经济研究的现状分析及未来展望[J].技术经济与管理研究,2021(2):3－8.

[30]尹丽波.数字经济发展报告2019－2020[M].北京:电子工业出版社,2020.

[31]张雪玲,焦月霞.中国数字经济发展水平指数及其应用初探[J].浙江社会科学,2017(4):32－40＋157.

[32]张于喆.数字经济驱动产业结构向中高端迈进的发展思路与主要任务[J].经济纵横,2018(9):85－91.